Taschen's Paris

Hotels, Restaurants & Shops

Photos Vincent Knapp

TASCHEN's PARIS
Hotels, Restaurants & Shops

Angelika Taschen

TASCHEN

Hotels

Restaurants

Shops

Preface | Vorwort | Préface

This book is intended to help you enjoy every minute of your time in beautiful Paris. Out of the city's thousands of hotels, restaurants, museums and shops, I have chosen only those places that best capture its character and atmosphere.

Those, like most of us, with only a few days in the city have no desire to waste time or money on mediocre bistros or anonymous, run-of-the-mill hotels on the outskirts. The usual guides always contain too much information and too few photos. Just to read them would fill an entire holiday — and often the reader is none the wiser afterwards as there are hardly any illustrations to help him decide whether something is interesting or likely to leave him cold.

Atmosphere and location and not necessarily luxury were the decisive factors in the choice of hotels. If the room starts to feel too small — something not uncommon in Paris, where even suites are often reminiscent of shoe cartons — it is time for a trip to one of the cafés recommended or for some sightseeing.

In the case of the five-star hotels, I have based my decisions on criteria such as atmosphere and interesting guests. The degree of perfection of the business centre or the gym tended to take second place. After all, who wants to spend their time in Paris on a Stepmaster? It should not be forgotten that these hotels often have such good rates in the low season and at weekends that the guest actually pays only the price of a three-star hotel. The best way to find out about special rates is to go to the website of the individual hotel.

Dieses Buch möchte Ihnen helfen, im schönen Paris ausschließlich wunderschöne Erlebnisse zu haben. Deshalb habe ich aus Zigtausenden Hotels, Restaurants, Museen und Geschäften nur die Orte ausgewählt, die den Charakter und die Atmosphäre der Stadt besonders prägnant widerspiegeln.

Wer wie die meisten von uns nur ein paar Tage Zeit hat, möchte weder Geld noch Zeit in mittelmäßigen Bistros oder anonymen Massenhotels am Stadtrand verschwenden. Die üblichen Reiseführer haben aber immer zu viele Informationen und zu wenig Bilder. Allein für das Lesen müsste man sich Urlaub nehmen — und hinterher ist man oft nicht schlauer, weil es kaum Abbildungen gibt, anhand derer man entscheiden kann, ob einen eine Sache interessiert oder doch eher kalt lässt.

Bei der Auswahl der Hotels waren Atmosphäre und Lage entscheidend, nicht unbedingt der Komfort. Wem sein Zimmer zu eng wird — was in Paris sehr leicht passiert, da hier selbst Suiten oft an Schuhschachteln erinnern —, sollte in eines der empfohlenen Cafés wechseln oder sich eine Sehenswürdigkeit anschauen.

Bei den Fünf-Sterne-Hotels habe ich nach Kriterien wie Stimmung und Art der Gäste entschieden. Wie perfekt das Business Center oder der Gym ausgestattet ist, war eher zweitrangig, denn wer möchte seine Zeit in Paris schon auf einem Stepmaster vergeuden? Zu beachten ist, dass diese Hotels in der Nebensaison und an Wochenenden oft so günstige Angebote haben, dass der Gast nur den Preis eines Drei-Sterne-Hotels bezahlt. Die Spartarife erfährt man am besten auf

Le présent livre a été conçu pour que votre séjour à Paris soit vraiment réussi. C'est la raison pour laquelle, après avoir visité d'innombrables hôtels, restaurants, musées et boutiques, je n'ai choisi que les endroits qui reflètent particulièrement bien le caractère de la ville et son atmosphère.

La plupart d'entre nous ne disposent que de quelques jours de congé et ne veulent gaspiller ni leur argent ni leur temps dans des bistros médiocres ou des hôtels sans âme à la périphérie de la ville. Mais les guides ont souvent trop d'informations et pas assez d'images. Il faudrait prendre des vacances rien que pour les lire — et après on n'est pas plus avancé, vu qu'il n'y a guère d'illustrations sur lesquelles on pourrait s'appuyer pour décider si quelque chose nous intéresse vraiment ou non.

Les hôtels ont été sélectionnés en raison de leur emplacement et de leur ambiance, le confort n'étant pas déterminant. Celui qui trouve sa chambre trop exiguë — ce qui peut arriver aisément à Paris où les suites ont souvent la taille de cartons à chapeaux — devrait aller faire un tour dans des cafés recommandés ou visiter les endroits pittoresques qui abondent.

Dans le cas des hôtels cinq étoiles, je me suis orientée vers des critères tels que l'ambiance et la présence de gens intéressants. L'équipement du business center ou du club de gym est plutôt secondaire, car qui veut passer son temps sur un stepper alors qu'il se trouve à Paris ? On notera que ces hôtels proposent si souvent des tarifs intéressants à l'arrière-saison et le week-end, que le client ne paie que le prix d'un trois-étoiles. Pour se renseigner

Of course, Paris is the city of love, but it is also the city of fashion, perfume, chocolate, champagne and oysters. So do not be surprised by the wealth of shops that I recommend. After all, such luxury brands as Hermès, Cartier, Chanel and Louis Vuitton have their origins in Paris. What influenced my choice was whether the shop told something of the city's history. For example, I have not showcased the Chanel store on Avenue Montaigne, but the one in rue Cambon, as this is where Coco Chanel had her first studio and created the little black dress. Flagship stores of foreign companies such as Armani are mentioned only in passing. One of the exceptions is the perfume shop of Comme des Garçons, as the Paris shop is the only one.

Some of the restaurants are worth a visit if only because they breathe so much history – places where Sartre, Hemingway, James Joyce or Picasso used to eat, places still in original Art-Déco or Directoire style. Sometimes the guest is best advised just to order a simple steak frites in order to avoid culinary disappointment. But, of course, I have also recommended restaurants with Michelin stars.

Je vous souhaite des moments inoubliables à Paris.

Sincerely

Angelika Taschen

Angelika Taschen

---

der Website des jeweiligen Hotels. Sicher ist Paris die Stadt der Liebe – aber genauso der Mode, des Parfums, der Schokolade, des Champagners und der Austern. Deshalb wundern Sie sich bitte nicht, dass ich Ihnen so viele Geschäfte empfehle, schließlich sind hier Luxusmarken wie Hermès, Cartier, Chanel und Louis Vuitton entstanden. Bei der Auswahl war mir wichtig, dass die Läden etwas von der Geschichte der Stadt erzählen. So stelle ich nicht den Chanel-Store an der Avenue Montaigne vor, sondern den in der rue Cambon, denn hier hatte Coco Chanel ihr erstes Atelier und erfand das Kleine Schwarze. Flagship-Stores ausländischer Firmen wie Armani kommen nur am Rande vor. Eine Ausnahme ist zum Beispiel der Parfumladen von Comme des Garçons, denn den gibt es weltweit nur in Paris.

Bei den Restaurants lohnen einige schon deshalb, weil sie so viel Geschichte atmen. Sartre, Hemingway, James Joyce und Picasso haben hier gegessen, und die Einrichtung ist originaler Art-déco- oder Directoire- Stil. Manchmal ist der Gast gut beraten, nur ein einfaches Steak frites zu bestellen, um beim Essen keine Enttäuschung zu erleben. Aber natürlich empfehle ich auch Restaurants mit Michelin-Sternen.

Je vous souhaite des moments inoubliables à Paris.

Ihre

---

sur les promotions, il suffit de consulter la page Web de l'hôtel désiré. Paris est la ville de l'amour, c'est bien connu, mais aussi celle de la mode, des parfums, des chocolats, du champagne et des huîtres. Vous serez peut-être étonnés de vous voir conseiller tant de magasins, mais n'oublions pas que les grandes marques comme Hermès, Cartier, Chanel et Louis Vuitton sont nées ici. J'ai veillé en choisissant les adresses à ce que les magasins nous parlent aussi du passé. C'est pourquoi je ne présente pas la boutique Chanel de l'avenue Montaigne, mais celle de la rue Cambon qui a abrité le premier atelier de Coco Chanel, géniale créatrice de l'incontournable petite robe noire. Les magasins phares de sociétés étrangères comme Armani n'apparaissent qu'en marge, encore qu'il y ait une exception, Comme des Garçons parfums, qui n'a pignon sur rue qu'à Paris.

En ce qui concerne les restaurants, certains valent le déplacement rien que pour les personnalités qu'ils ont vu passer – Sartre, Hemingway et Picasso –, et pour leur ameublement pur Art Déco ou Directoire. Parfois il vaut mieux commander un simple steak-frites pour éviter les déceptions, mais je nomme évidemment aussi des établissements étoilés Michelin.

Je vous souhaite des moments inoubliables à Paris.

Votre

Hotels

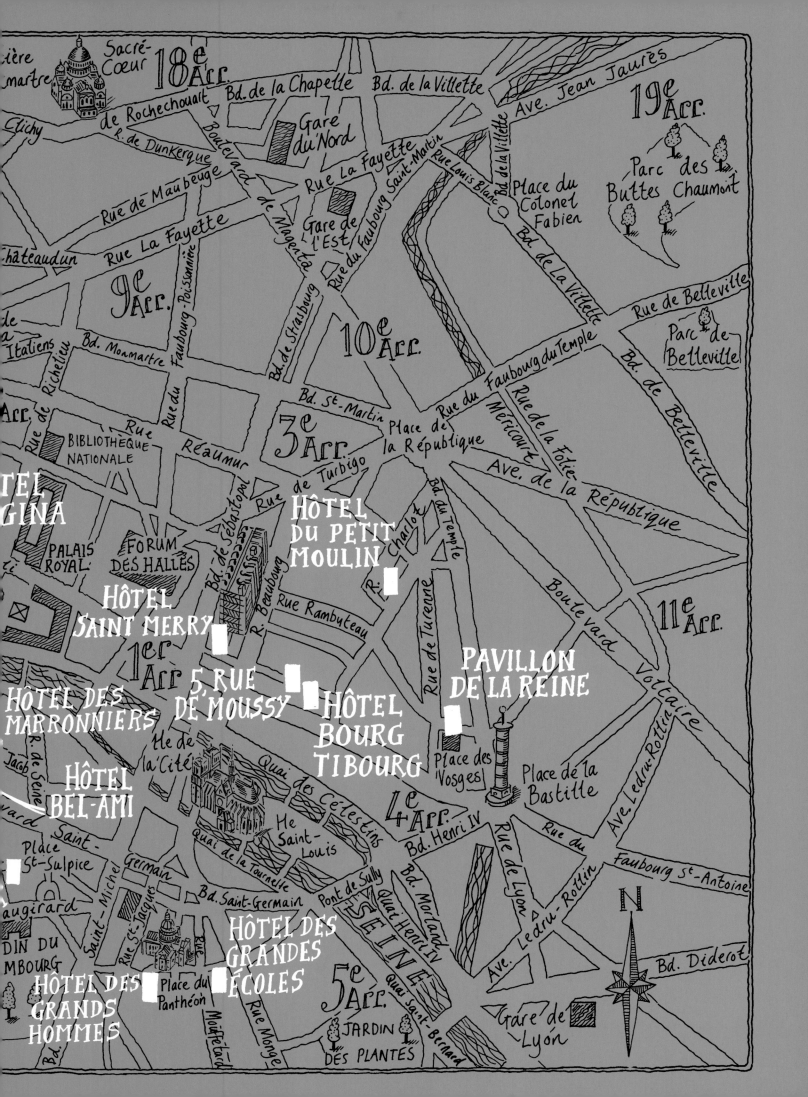

Hôtel Ritz

15, Place Vendôme, 75001 Paris
☎ +33 1 43 16 30 30   📄 +33 1 43 16 45 38/39
resa@ritzparis.com
www.ritzparis.com
Métro: Tuileries/Opéra

On 1 June 1898 César Ritz opened this magnificent building at elegant Place Vendôme, whose octagonal shape inspired the form for the classic Chanel watch. It was the first luxury hotel in the world, as every room had its own private bathroom. Even today we can see that César Ritz was a lover of women and personally attended to each accessory. Bathrobes and lampshades are still apricot (a colour to flatter the skin), there is the fragrance of flowers everywhere, and there is an almost invisible hook for handbags on the restaurant chairs. Greta Garbo, Audrey Hepburn and Coco Chanel loved the French-feminine charm of the Ritz, and the present owner takes care to ensure that the opulent glamour remains genuine, even after redecoration. Yet another reason to stop off at the Ritz is the small Hemingway Bar. It used to be the author's favourite place ("When I dream of afterlife in heaven, the action always takes place at the Ritz"), and here you'll find the best barkeepers in the world.

Rates: Single and double rooms from 730 €; suites from 970 €; breakfast from 36 €. There are many packages on offer, some of them less expensive.
Rooms: 105 rooms and 56 suites.
Restaurants: The Restaurant L'Espadon boasts one of the finest trompe-l'œil ceilings in Paris. Business lunch is served in the Bar Vendôme and well-mixed cocktails are taken in the Hemingway Bar.
History: A legend among the luxury hotels in the city for over 100 years.

Dieser Prachtbau an der eleganten Place Vendôme wurde am 1. Juni 1898 von César Ritz eröffnet und war das erste Luxushotel der Welt, denn jedes Zimmer hatte sein eigenes Bad. Dass César Ritz ein Frauenliebhaber war und sich persönlich um jedes Detail kümmerte, sieht man noch heute: So sind Bademäntel und Lampenschirme wie damals in Apricot (dem Teint schmeichelnd) gehalten, überall duften Blumen, und an den Stühlen im Restaurant sind fast unsichtbare Haken für die Handtasche angebracht. Den feminin-französischen Charme des Ritz liebten Greta Garbo, Audrey Hepburn und Coco Chanel; der jetzige Besitzer achtet darauf, dass der opulente, ursprüngliche Glamour auch nach Renovierungen nicht verloren geht. Ein weiterer Grund, im Ritz zu verweilen, ist die kleine Bar Hemingway. Sie war einst der Lieblingsplatz des Autors („Wenn ich von einem späteren Leben im Himmel träume, spielt sich immer alles im Ritz ab") und ist heute der Arbeitsplatz der besten Barkeeper der Welt.

Preise: Einzel-/Doppelzimmer ab 730 €, Suite ab 970 €, Frühstück ab 36 €. Es werden zahlreiche, z. T. preiswertere Packages auf der Webseite angeboten.
Zimmer: 105 Zimmer und 56 Suiten.
Restaurants: Das Restaurant L'Espadon hat eine der schönsten Trompe-l'œil-Decken von Paris. Business-Lunch wird in der Bar Vendôme serviert, und einen raffiniert gemixten Cocktail trinkt man in der Bar Hemingway.
Geschichte: Eine Legende unter den Luxushotels der Stadt – seit mehr als 100 Jahren.

Situé sur l'élégante Place Vendôme à laquelle les montres Chanel doivent leur forme octogonale, ce premier hôtel de luxe du monde a été inauguré le 1er juin 1898 par César Ritz. Chaque chambre y avait sa propre salle de bains. César Ritz aimait les femmes et veillait personnellement sur chaque détail. Aujourd'hui encore les sorties de bain et les abat-jours ont conservé leur teinte abricot si flatteuse pour le teint, partout les fleurs exhalent leur parfum, et les chaises du restaurant sont munies de crochets presque invisibles pour suspendre les sacs à main. Greta Garbo, Audrey Hepburn et Coco Chanel adoraient le charme bien français du Ritz. Le nouveau propriétaire veille à ce que les opulents décors glamour ne pâtissent pas des rénovations. Le petit Bar Hemingway est une autre bonne raison de séjourner au Ritz. Célébré par l'écrivain américain – « Chaque fois que je rêve de l'au-delà, je me retrouve au Ritz » –, il est aujourd'hui le lieu de travail des meilleurs barmans du monde.

Prix : Chambre simple ou double à partir de 730 €, suite à partir de 970 €, petit-déjeuner 36 €. De nombreuses offres spéciales, en partie plus abordables.
Chambres : 105 chambres et 56 suites.
Restauration : Le restaurant L'Espadon a les plus beaux plafonds en trompe-l'œil de Paris. Le Bar Vendôme est idéal pour les déjeuners d'affaires, le Bar Hemingway pour déguster un cocktail.
Histoire : Une réputation légendaire depuis plus d'un siècle.

Hôtel Costes

239, rue St-Honoré
☎ +33 1 42 44 50 00   📄 +33 1 42 44 50 01
remarks@hotelcostes.com
www.hotelcostes.com
Métro: Tuileries

Jean-Louis Costes became famous worldwide when he opened the Café Costes, designed by Philippe Starck, in Les Halles in 1984 and it became the meeting point for tout Paris. His Café Marly at the Louvre followed, and finally he converted the antiquated France et Choiseul Hôtel into Hôtel Costes. The classic Parisian building is located directly on elegant rue Saint-Honoré, and was opulently furnished by Jacques Garcia. The whole hotel has the air of a high-class brothel, with deep armchairs and curtains of heavy velvet, all in black, crimson and mauve tones. The dimly-lit interior is rounded off with the scent of specially designed candles and the Costes lounge music. The Hôtel Costes with its popular bar and courtyard restaurant is a meeting place for the beautiful people. The rooms are so dimly lit that they are not really suitable if you plan to work in Paris, but they are perfect for a romantic weekend. The hotel spa is especially attractive with its 18-metre-long pool, exclusively for hotel guests.

Rates: Single rooms from 400 €; double rooms from 450 €, breakfast from 32 €.
Rooms: 78 rooms, 3 suites and 1 apartment.
Restaurants: The restaurant serves delicious light meals at lunch time and in the evening – the bar is worth a visit in the evening simply because of the clientele.
History: Opened in 1995 and since then one of the most popular hotels in Paris. And something special: there are two TASCHEN books in every room, personally chosen by the owner.

Weltweit bekannt wurde Jean-Louis Costes, als er 1984 das von Philippe Starck gestaltete Café Costes in Les Halles eröffnete und es zum Treffpunkt von „tout Paris" wurde. Es folgte sein Café Marly am Louvre, und schließlich verwandelte er das antiquierte „France et Choiseul Hôtel" ins Hôtel Costes. Der klassisch Pariser Altbau wurde von Jacques Garcia opulent eingerichtet. Das ganze Hotel wirkt wie ein elegantes Bordell mit üppigen Polstermöbeln und Vorhängen aus schwerem Samt, alles in Schwarz, Dunkelrot- und Lilatönen. Abgerundet wird das schummrige Interieur vom Duft eigens kreierter Kerzen und der Costes-Lounge-Musik. Das Hôtel Costes ist mit seiner beliebten Bar und dem Innenhof-Restaurant ein Treffpunkt der Modeszene. Allerdings sind die Zimmer so düster, dass sie sich nur bedingt zum Arbeiten eignen, aber für ein Liebeswochenende perfekt sind. Besonders schön ist das hauseigene Spa mit seinem 18-Meter-Pool, der ausschließlich von den Hotelgästen genutzt werden darf.

Jean-Louis Costes s'est fait un nom en ouvrant en 1984 aux Halles le Café Costes — ce lieu décoré par Philippe Starck a été le plus branché de la décennie. Son Café Marly, au Louvre, est devenu lui aussi un endroit tendance et, en 1997, il a transformé le France et Choiseul Hôtel tombé en désuétude en Hôtel Costes. Le magnifique bâtiment situé dans la rue Saint-Honoré a été décoré par Jacques Garcia. Ses meubles capitonnés de velours épais pourpre, violet et noir lui donnent l'air d'un somptueux lupanar, impression que renforcent les lumières tamisées, le parfum enivrant des bougies créées spécialement pour l'hôtel et la musique d'ambiance. Avec son bar très prisé et son restaurant dans l'atrium, il est surtout le rendez-vous des gens de la mode pendant les week-ends. Les chambres sont si sombres qu'on ne peut guère y travailler, mais elles sont parfaites pour ceux qui désirent passer un week-end romantique. Le spa de l'hôtel offre une piscine de 18 m réservée aux clients de l'hôtel.

Preise: Einzelzimmer ab 400 €, Doppelzimmer ab 450 €, Frühstück 32 €.
Zimmer: 78 Zimmer, 3 Suiten und 1 Apartment.
Restaurants: Im Restaurant gibt es sowohl zum Lunch als auch abends köstlich leichte Gerichte, die Bar ist abends schon wegen des Publikums einen Besuch wert.
Geschichte: 1995 eröffnet und seitdem eines der beliebtesten Hotels in Paris. Besonders erfreulich ist, dass in jedem Zimmer zwei vom Besitzer persönlich ausgesuchte Bücher von TASCHEN liegen.

Prix : Chambre simple à partir de 400 €, chambre double à partir de 450 €, petit-déjeuner 32 €.
Chambres : 78 chambres, 3 suites, 1 appartement.
Restauration : Le restaurant offre le midi et le soir des plats légers et exquis ; le bar vaut la visite le soir, ne serait-ce que pour regarder le public.
Histoire : Ouvert en 1995, c'est l'un des hôtels les plus prisés de Paris. Détail réjouissant : chaque chambre abrite deux livres de TASCHEN personnellement sélectionnés par le propriétaire.

Hôtel Regina

2, Place des Pyramides, 75001 Paris
☎ +33 1 42 60 31 10   ☐ +33 1 40 15 95 16
reservation@regina-hotel.com
www.regina-hotel.com
Métro: Tuileries

Long is the list of films made in Hôtel Regina. Directors such as Claude Chabrol, André Téchiné and Luc Besson chose the hotel as a back-drop for their films; stars like Romy Schneider, Jane Birkin, Charlotte Rampling, Alain Delon and Jeremy Irons stood in front of the cameras here. And all because of the perfectly preserved Belle-Époque interior and the Parisian charm of the hotel. The Regina, overlooking the Tuileries and beyond to the Eiffel Tower, was opened in 1900 for the World's Fair and has kept its façade in unadulterated Second-Empire style. Although the building has been restored frequently, the floor plan for the rooms and the character of the hotel never changed. All the rooms have period furniture with a typically French brass bed in each. Further attractions are the Louis Majorelle Art Nouveau mosaics around the fireplace in the restaurant. Should you need a break from the Parisian fin de siècle, just enter the comfortable, wood-panelled Bar Anglais to feel at home in Victorian England.

Rates: Single and double rooms from 360 €, suites from 595 €, breakfast from 23 €.

Rooms: 45 classic rooms, 50 superior rooms, 10 family apartments, 10 junior suites, 10 suites.

Restaurants: The Lounge Club serves hot food from midday–midnight. In the warm season, you can enjoy your meal outside in the Cour Jardin. There is also a Bar Anglais, which serves light meals, and a Salon de Thé.

History: A fine example of Parisian Art Nouveau.

Die Liste der Filme, die im Hôtel Regina gedreht wurden, ist lang. Regisseure wie Claude Chabrol, André Téchiné und Luc Besson machten das Hotel zur Kulisse; Schauspieler wie Romy Schneider, Jane Birkin, Charlotte Rampling, Alain Delon und Jeremy Irons standen hier vor der Kamera. Zu verdanken ist das dem vollständig erhaltenen Belle-Époque-Interieur und dem Pariser Charme des Hotels. Das Regina mit Blick über die Tuilerien bis zum Eiffelturm wurde 1900 zur Weltausstellung eröffnet. Zwar wurde das Haus immer wieder renoviert, doch die Grundrisse der Zimmer und der Charakter des Hotels wurden dabei nie zerstört. Alle Zimmer sind mit antiken Möbeln ausgestattet, jedes hat die typisch französischen Messingbetten. Weitere Höhepunkte sind die Jugendstil-Mosaike von Louis Majorelle um den Kamin im Restaurant. Wer vom Pariser Fin de Siècle eine kleine Verschnaufpause braucht, der geht einfach in die gemütliche, holzvertäfelte Bar Anglais, wo man sich im viktorianischen England wähnt.

Elle est longue la liste des films tournés à l'Hôtel Regina qui a vu passer Claude Chabrol, André Téchiné et Luc Besson ; Romy Schneider, Jane Birkin, Charlotte Rampling, Alain Delon et Jeremy Irons ont évolué ici devant la caméra. Il faut dire que l'hôtel offre un superbe décor Belle Époque parfaitement conservé et un charme très parisien. Ouvert en 1900 à l'occasion de l'Exposition universelle, le Regina offre une vue imprenable sur les Tuileries jusqu'à la Tour Eiffel. Sa façade Second Empire n'a subi aucun changement et on a veillé au cours des rénovations à ne pas détruire les plans des chambres et le caractère de l'hôtel. Toutes les chambres abritent des meubles anciens et des lits en laiton typiquement français. Un beau détail : les mosaïques Art nouveau de Louis Majorelle autour de la cheminée du restaurant. Celui qui veut quitter un moment l'ambiance fin de siècle parisienne peut s'installer dans le confortable Bar Anglais lambrissé et se retrouve instantanément dans l'Angleterre victorienne.

Preise: Einzel-/Doppelzimmer ab 360 €, Suite ab 595 €, Frühstück ab 23 €.
Zimmer: 45 Klassik-Zimmer, 50 Superior-Zimmer, 10 Familien-Apartments, 10 Junior-Suiten und 10 Suiten.
Restaurants: Der Lounge Club bietet von 12–24 Uhr warme Küche, bei schönem Wetter wird auch im Cour Jardin serviert. Außerdem hat das Hotel eine Bar Anglais, in der man auch leichte Gerichte zu sich nehmen kann, sowie einen Salon de thé.
Geschichte: Bis heute ein Beispiel für den Pariser Art nouveau.

Prix : Chambre simple ou double à partir de 360 €, suite à partir de 595 €, petit-déjeuner à partir de 23 €.
Chambres : 45 chambres classiques, 50 chambres supérieures, 10 appartements familiaux, 10 Junior Suites et 10 suites.
Restauration : Le Lounge Club offre des plats chauds de 12h–24h, on sert aussi dans la cour-jardin quand il fait beau. L'hôtel possède en outre un Bar Anglais qui propose des repas légers et un salon de thé.
Histoire : Un exemple de l'Art nouveau parisien.

34

119 → 133 - 140 →

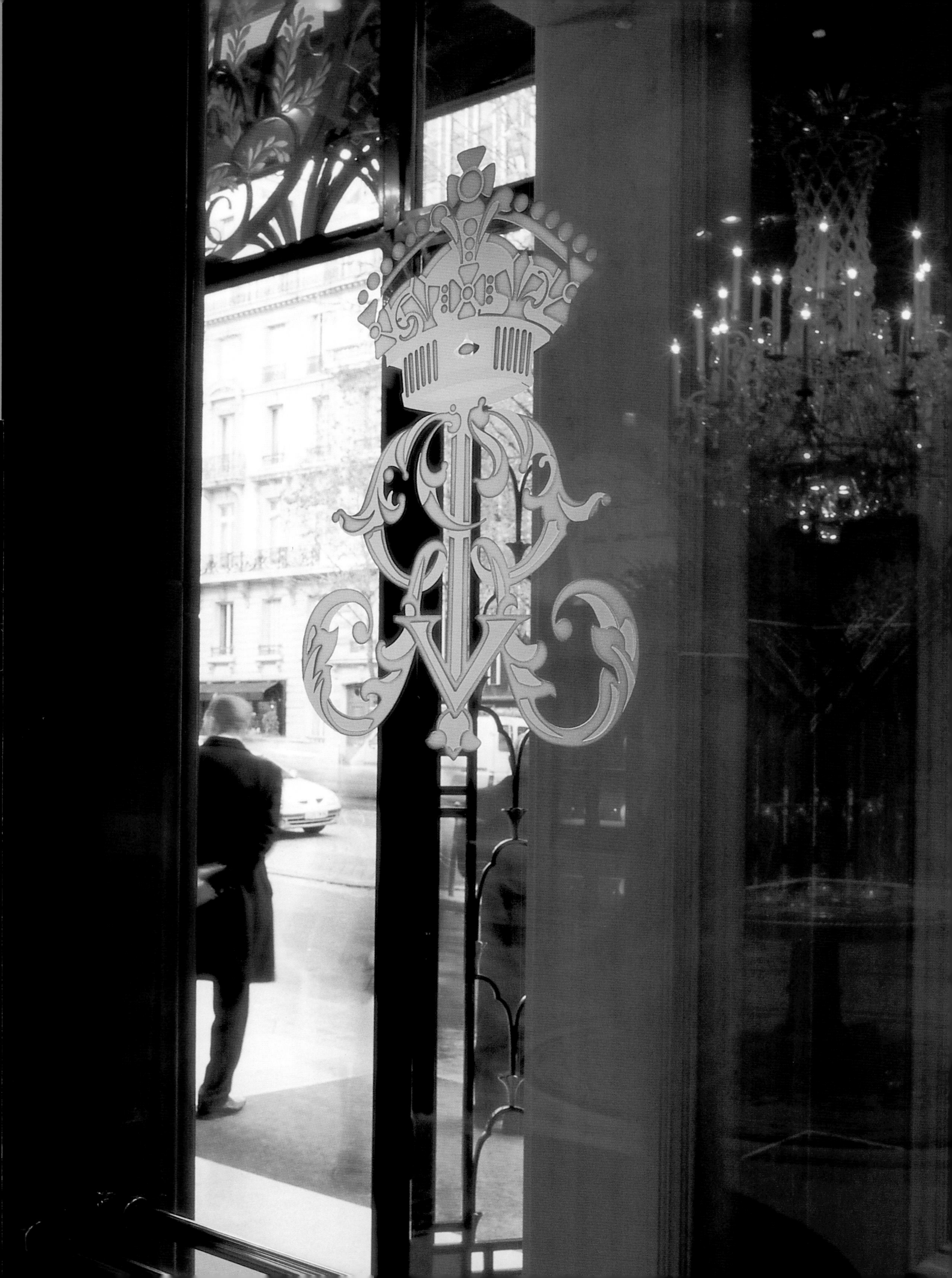

Four Seasons Hotel George V

31, Avenue George V, 75008 Paris
☎ +33 1 49 52 70 00   📠 +33 1 49 52 70 10
reservation.paris@fourseasons.com
www.fourseasons.com
Métro: George V

The George V belongs to an Arabian Prince, is managed by Four Seasons and is considered the group's flagship hotel worldwide. After a complete renovation with loving attention to detail, it was reopened in 1999 with fewer but more spacious rooms – the spirit of French luxury has been revived. The enormous lobby with its tremendous crystal chandelier is an impressive central feature. The antique gilded furniture, the huge 17th-century tapestries and the highly polished marble are just amazing. Jeff Leatham's floral design provides an extravagant contrast. Take a cup of tea in La Galerie in the afternoon and enjoy the view of the attractive courtyard. In the evening, dinner is taken in the restaurant Le Cinq, which has been awarded three Michelin stars. My favourite place at all times of the day, however, is Le Bar, with its perfect service. The spa is small but excellent. In fact, the George V is one of the top addresses in the city and one of the finest hotels in the world.

Rates: Single and double rooms from 735 € without breakfast. Tip: ask about inexpensive packages as new arrangements are constantly being set up.
Rooms: 186 rooms and 59 suites.
Restaurants: The restaurant Le Cinq is one of the best gourmet locations in the city. Also excellent: the Marble Courtyard, where you can have lunch or drink, La Galerie (breakfast, lunch, dinner, tea and pastries for the epicure!) and Le Bar.
History: An extremely elegant city mansion, built in 1928.

Das George V gehört einem arabischen Prinzen, wird von Four Seasons gemanagt und gilt weltweit als eines der Flaggschiffe der Gruppe. Nach einer Rundumrenovierung mit Liebe zum Detail wurde es 1999 mit weniger, dafür aber größeren Zimmern wieder eröffnet – der Geist des französischen Luxus ist dabei neu erweckt worden. Ein beeindruckendes Schmuckstück ist die gigantische Lobby mit ihren enormen Kristallleuchtern, den antiken vergoldeten Möbeln, den riesigen Gobelins und den auf Hochglanz polierten Marmorflächen. Extravagante Kontrapunkte setzt das Floraldesign von Jeff Leatham. Am Nachmittag sollte man einen Tee auf La Galerie nehmen, abends wird im mit drei Michelin-Sternen gekrönten Restaurant Le Cinq gespeist. Mein Lieblingsort ist allerdings zu allen Stunden des Tages die Bar mit perfektem Service. Das Spa ist klein, aber äußerst fein – überhaupt zählt das George V zu den Top-Adressen der Stadt und ist eines der besten Hotels der Welt.

Le George V appartient à un prince arabe et fait partie du groupe Four Seasons dont il est l'un des fleurons. Après avoir subi une rénovation complète qui montre un grand amour du détail, il a été rouvert en 1999 – il abrite maintenant moins de chambres mais elles sont plus spacieuses. On redécouvre ici l'art de vivre à la française. Le hall gigantesque doté d'immenses lustres en cristal est un joyau impressionnant ; les meubles dorés anciens, les tapisseries 17e et les sols de marbre poli sont eux aussi admirables. Les compositions florales de Jeff Leatham posent en ces lieux un contrepoint extravagant. L'après-midi il faut prendre le thé à La Galerie et admirer la vue sur la cour. Le dîner peut être pris au restaurant Le Cinq, trois étoiles au Michelin. Mais Le Bar et son service parfait est mon favori à toute heure du jour. Le spa est petit mais extrêmement raffiné. En bref, le George V est l'une des meilleures adresses de la ville et l'un des meilleurs hôtels de la planète.

Preise: Einzel-/Doppelzimmer ab 735 € ohne Frühstück.
Mein Tipp: Nach preiswerteren Packages fragen, es werden immer wieder neue angeboten.
Zimmer: 186 Zimmer und 59 Suiten.
Restaurants: Das Restaurant Le Cinq ist eine der besten Gourmetadressen der Stadt. Ebenso erstklassig: der Marble Courtyard, in dem man lunchen oder etwas trinken kann, La Galerie (Frühstück, Mittag- und Abendessen, Tee, Kaffee) und Le Bar.
Geschichte: Ein überaus elegantes Stadtpalais, 1928 erbaut.

Prix : Chambre simple/double à partir de 735 € sans petit-déjeuner. Se renseigner sur les packages, il y en a sans cesse de nouveaux.
Chambres : 186 chambres et 59 suites.
Restauration : Le restaurant Le Cinq est l'une des meilleures adresses gourmandes en ville. Excellents aussi, le Marble Courtyard, où vous pourrez déjeuner ou prendre un verre, La Galerie (petit-déjeuner, déjeuner, dîner, thé et pâtisseries pour les fins gourmets) et Le Bar.
Histoire : Un palace construit en 1928.

Pershing Hall

49, rue Pierre Charron, 75008 Paris
☎ +33 1 58 36 58 00   🖷 +33 1 58 36 58 01
info@pershinghall.com
www.pershing-hall.com
Métro: George V/Franklin-D. Roosevelt

Pershing Hall, designed by Andrée Putman, is located in the "Golden Triangle" between the Champs-Élysées, Avenue Montaigne and Avenue George V and is hidden discreetly behind a classic Parisian façade. Yet step through the bead curtain, and you find yourself in a green oasis in the middle of the city. The large courtyard lies in the shade of a lush, vertical garden, which turns the restaurant into a special experience. Tout Paris dines here. In summer the roof is opened and you can look straight up into the city sky. After dinner, the clientele moves to the lounge with its subdued red lighting and comfortable grey sofas. The hotel rooms are very chic, as we would expect of Putman, and in non-colours like off-white, taupe and aubergine. The designer has managed to avoid turning the purist interior into a trendy designer hotel guaranteed to become unfashionable soon, and instead has given the building a classic touch. All the rooms are furnished with cutting-edge technology and art.

Rates: Single and double rooms from 420 €, suites from 720 €, breakfast from 26 €.
Rooms: 16 rooms and 10 suites.
Restaurants: Fusion cuisine is served in the courtyard restaurant. Go one floor up to the Pershing Lounge with its DJs for more night-life after dinner.
History: Designer hotel in a 19th-century city mansion, named after General Pershing. With a spa and fitness room.

Die von Andrée Putman gestaltete Pershing Hall steht im „Goldenen Dreieck" zwischen Champs-Élysées, der Avenue Montaigne und der Avenue George V und verbirgt sich unauffällig hinter einer klassischen Pariser Hausfassade. Doch wer durch den Perlenvorhang hindurchgeht, tritt unmittelbar in eine grüne Oase mitten in der Stadt: Der große Innenhof wird von einem üppigen, vertikal wachsenden Garten beschattet und macht das dortige Restaurant zu einem Erlebnis – hier speist „tout Paris". Im Sommer wird das Dach zurückgefahren, und man blickt direkt in den Himmel über der Stadt. Abends nach dem Dinner wechselt das Publikum in die Lounge mit ihrem gedämpften Rotlicht und den bequemen grauen Sofas. Die Hotelzimmer sind, ganz Putman, sehr chic und in Nicht-Farben wie Off-white, Schlammgrau und Aubergine gehalten. Die Designerin hat es geschafft, das puristische Interieur nicht wie ein trendiges Designhotel mit Verfallsdatum wirken zu lassen, sondern gibt dem Haus einen klassischen Touch.

Conçu par Andrée Putman, le Pershing Hall qui se dissimule derrière une façade Second Empire est situé dans le « Triangle d'or » entre les Champs-Élysées, l'Avenue Montaigne et l'Avenue George V. Celui qui passe à travers le rideau de perles se retrouve dans une oasis de verdure au cœur de Paris. La vaste cour intérieure est ombragée par un jardin vertical luxuriant qui transforme le restaurant en expérience fabuleuse – le Tout-Paris se retrouve ici. L'été, le toit est replié et le ciel de la ville offert aux regards. Le soir, après le dîner, le public va s'asseoir sur les confortables canapés gris du salon éclairé d'une lumière rouge tamisée. Les chambres, Putman oblige, sont très élégantes et offrent des couleurs neutres beige, lichen et aubergine. Pari réussi de l'architecte d'intérieur qui a donné une touche classique et épurée aux espaces – rien ici de branché, de fugace. Toutes les pièces sont dotées de la technologie et des œuvres d'art les plus modernes. Avec spa et salle de fitness.

Preise: Einzel-/Doppelzimmer ab 420 €, Suite ab 720 €, Frühstück ab 26 €.
Zimmer: 16 Zimmer und 10 Suiten.
Restaurants: Im Innenhof-Restaurant wird Fusion Cuisine serviert. Fürs anschließende Nachtleben gibt es eine Etage höher die Lounge Pershing mit DJs.
Geschichte: Nach General Pershing benanntes Designhotel in einem Stadtpalais aus dem 19. Jahrhundert. Mit Spa und Fitnessraum.

Prix : Chambre simple/double à partir de 420 €, suite à partir de 720 €, petit-déjeuner à partir de 26 €.
Chambres : 16 chambres et 10 suites.
Restauration : Les mets raffinés, sous le signe de la fusion des saveurs, sont servis dans le patio face au mur de végétation. Le soir, la Pershing Lounge est ouverte un étage plus haut et la vie nocturne bat son plein avec la musique des DJs.
Histoire : Cet hôtel particulier, ancienne résidence du général Pershing, a été construit au 19e siècle.

Hospes Lancaster

7, rue de Berri, Champs-Élysées, 75008 Paris
☎ +33 1 40 76 40 76   📠 +33 1 40 76 40 00
reservations@hotel-lancaster.fr
www.hotel-lancaster.fr
Métro: George V/Franklin-D. Roosevelt

This building was originally a city mansion until the Swiss hotelier Emile Wolf bought it, added four storeys and opened it as a hotel in 1930. Due to its location in a side street off the Champs-Élysées, a very elegant promenade at the time, the Lancaster became a favourite place of the stars, including Marlene Dietrich. She lived here for three years and a suite with a fireplace has been dedicated to her. On the walls of the hotel there are still pictures by the Polish artist Boris Pastoukhoff, who used to pay his bills in paintings. In 1995 the Andrieu family bought the hotel. The daughter Grace Leo-Andrieu rejuvenated the Lancaster together with Christian Liaigre, without spoiling any of its glamorous atmosphere. The green Zen Garden in the court-yard is a small oasis. Star chef Michel Troisgros rules in the restaurant. Under the roof in the attic there is a romantic love nest, decorated with red silk from ceiling to floor, with two balconies and a breathtaking view over the roofs of Paris.

Rates: Single and double rooms from 490 €, suites from 890 €, breakfast from 32 €.
Rooms: 46 rooms and 11 suites.
Restaurants: Food fresh from the market is on the menu in La Table du Lancaster. A light luncheon can also be ordered in the Grand Salon or in the Zen Garden at summertime.
History: Built in 1889 as a city mansion. Still a location with atmos-phere, even though the Champs-Élysées may have long forfeited its own.

Ursprünglich wurde dieses Gebäude als Stadtpalais erbaut – bis es der Schweizer Hotelier Emile Wolf kaufte, es um vier Etagen aufstockte und 1930 als Hotel eröffnete. Dank seiner Lage in einer Seitenstraße der damals hocheleganten Flaniermeile, den Champs-Élysées, wurde das Lancaster zur Lieblingsadresse der Stars – unter ihnen Marlene Dietrich, die hier drei Jahre lebte und der heute eine Suite gewidmet ist. An den Wänden des Hotels hängen noch immer Bilder des polnischen Künstlers Boris Pastoukhoff, der seine Rechnungen mit Gemälden zu bezahlen pflegte. 1995 erwarb die Familie Andrieu das Hotel – die Tochter Grace Leo-Andrieu hat das Lancaster gemeinsam mit Christian Liaigre verjüngt, dabei aber die glamouröse Atmosphäre nicht zerstört. Eine kleine Oase ist der grüne Zen-Garten im Innenhof. Im Restaurant des Lancaster herrscht Starkoch Michel Troisgros. In der Mansarde befindet sich ein romantisches Liebesnest, das zwei Balkone mit atemberaubendem Ausblick über die Dächer von Paris hat.

Construit à l'origine pour un aristocrate d'origine cubaine, cet hôtel particulier a été acheté par l'hôtelier suisse Emile Wolf qui lui ajouta quatre étages et l'ouvrit au public en 1930. La proximité des Champs-Élysées, à l'époque l'avenue la plus élégante de Paris, a fait du Lancaster le point de chute favori des stars : Marlene Dietrich y a ainsi vécu durant trois ans – aujourd'hui une suite avec cheminée lui est d'ailleurs dédiée. Des portraits et natures mortes de l'artiste polonais Boris Pastoukhoff – il réglait ainsi sa note –, ornent encore les murs. En 1995, la famille Andrieu a acheté l'hôtel. Assistée de Christian Liaigre, Grace Leo-Andrieu a rajeuni le cadre tout en préservant son atmosphère glamour. Le jardin zen de la cour intérieure est un îlot de sérénité. Le cuisinier star Michel Troisgros règne en maître sur le restaurant. Blotti sous la mansarde, un petit nid d'amour tapissé de soie rouge et doté de deux balcons offre une vue à couper le souffle sur les toits de la capitale.

Preise: Einzel-/Doppelzimmer ab 490 €, Suite ab 890 €, Frühstück 32 €.
Zimmer: 46 Zimmer und 11 Suiten.
Restaurants: Im La Table du Lancaster steht marktfrische Küche auf der Karte. Leichte Lunch-Gerichte kann man auch im Grand Salon oder im Sommer im Zen-Garten bestellen.
Geschichte: 1889 als Stadtvilla erbaut. Immer noch eine Adresse mit Atmosphäre – auch wenn die Champs-Élysées ihre längst eingebüßt haben.

Prix : Chambre simple/double à partir de 490 €, suite à partir de 890 €, petit-déjeuner 32 €.
Chambres : 46 chambres et 11 suites.
Restauration : La Table du Lancaster offre une cuisine préparée avec les produits du marché. On peut également déjeuner léger dans le Grand Salon ou en été dans le jardin zen.
Histoire : Hôtel particulier construit en 1889. Il est toujours réputé pour son atmosphère – ce qui n'est plus le cas des Champs-Élysées.

Sofitel Trocadéro Dokhan's

117, rue Lauriston, 75116 Paris
☎ +33 1 53 65 66 99 📠 +33 1 53 65 66 88
reservation@dokhans.com
www.dokhans.com
Métro: Boissière

This is truly an hôtel très particulier, on a corner in the middle of the elegant 16th Arrondissement, looking very much like a French version of the New York Flatiron Building. The decorator Frédéric Méchiche designed the interior more as a private mansion than a hotel. Entering the semi-circular lobby, hung with original drawings by Picasso and Matisse, you could almost imagine you were visiting friends. In the neo-classical salon, illuminated by candles in the late afternoon, you will find the Champagne Bar. Every day a different rare make of champagne is served, one which is not otherwise available on the market. Another delightful detail is the small lift in the hotel, made out of a huge Louis Vuitton steamer trunk, so you feel what it is like to stand in one of these famous pieces of luggage. The rooms are impeccably designed, with hand-painted black-and-white striped wallpaper in the rooms, matching bed covers and carpets, as well as black-and-white tiled bathrooms.

Rates: Single and double rooms from 410 €, suites from 850 €, breakfast 27 €.
Rooms: 41 rooms and 4 suites.
Restaurants: Restaurant bar in finest Empire style. Experience the fine art de vivre at the start of the day with tables laid with white linen and silver cutlery. Take a light meal in the evening, followed by a visit to the wonderful Champagne Bar.
History: A private townhouse has been turned into a stylish city hotel of the highest quality. Opened in 1998.

Dies ist ein wirkliches „hôtel très particulier", mitten im noblen 16. Arrondissement, es erinnert an eine französische Version des Flatiron Buildings in New York. So hat der Designer Frédéric Méchiche das Innenleben als Privatpalais entworfen – wer die halbrunde Lobby betritt, könnte fast glauben, bei Bekannten zu Gast zu sein. Die Lobby zieren sogar originale Zeichnungen von Picasso und Matisse. Im klassizistischen Salon, der ab dem späten Nachmittag mit Kerzen beleuchtet wird, befindet sich die Champagner-Bar. Dort bekommt man jeden Tag eine andere seltene Sorte, die sonst nicht im Handel ist. Ein weiteres charmantes Detail ist der kleine Aufzug des Hotels, der aus einem riesigen Louis-Vuitton-Schrankkoffer entstanden ist; so hat man das Erlebnis, in einem dieser berühmten Gepäckstücke gestanden zu haben. In den Zimmern gibt es handgemalte Tapeten mit schwarz-weißen Streifen, passende Bettüberwürfe und Teppiche sowie schwarz-weiß gekachelte Badezimmer, alles sehr subtil zusammengestellt.

La silhouette de cet hôtel qui se dresse au cœur du prestigieux 16e arrondissement fait songer au Flatiron Building de New York. L'intérieur, conçu par le designer Frédéric Méchiche, évoque davantage une résidence privée qu'un hôtel, et celui qui pénètre dans le hall en demi-lune décoré de dessins originaux de Picasso et Matisse, a presque l'impression de rendre visite à des connaissances. Le bar à champagne se trouve dans le salon néoclassique qui est éclairé par des bougies dès la fin de l'après-midi. Chaque jour, on y organise des soirées dégustations proposant des maisons que l'on ne trouve pas dans le commerce. Un autre détail charmant est le petit ascenseur de l'hôtel tapissé de toiles Vuitton – on a vraiment l'impression d'être transporté dans la célèbre malle de voyage. Les chambres sont tapissées de papier à rayures blanches et noires peint à la main, avec couvre-lits et moquettes assortis ; les salles de bains sont carrelées en blanc et noir. L'ensemble est sobre et raffiné.

Preise: Einzel-/Doppelzimmer ab 410 €, Suite ab 850 €, Frühstück 27 €.
Zimmer: 41 Zimmer und 4 Suiten.
Restaurants: Restaurant-Bar in klassischem Empire-Stil. Morgens beginnt die „art de vivre" mit weißem Leinen und Silberbesteck gedeckten Tischen, abends gibt es leichte Gerichte, ehe man sich der herrlichen Champagner-Bar zuwendet.
Geschichte: Aus einem privaten Stadthaus wurde ein stilvolles Stadthotel für höchste Ansprüche. Eröffnung war 1998.

Prix : Chambre simple/double à partir de 410 €, suite à partir de 850 €, petit-déjeuner 27 €.
Chambres : 41 chambres et 4 suites.
Restauration : Restaurant-Bar de style Empire. Le matin, les tables sont garnies de lin blanc et de couverts en argent, le soir on dîne légèrement avant de déguster le champagne au bar.
Histoire : Hôtel particulier transformé en établissement destiné à une clientèle des plus exigeantes. Il a été ouvert en 1998.

Hôtel Eldorado

18, rue des Dames, 75017 Paris
☎ +33 1 45 22 35 21   📄 +33 1 43 87 25 97
eldoradohotel@wanadoo.fr
www.eldoradohotel.fr
Métro: Place de Clichy

Once a maison de rendez-vous, now a typical hôtel de charme, this is an excellent alternative to the shabby and over-priced would-be hotels in Montmartre and Pigalle. The Hôtel Eldorado has a pleasant atmosphere, is very reasonably priced and is located in a small garden in a picturesque street – reserve one of the quiet rooms overlooking the green courtyard, if possible. All 11 rooms are furnished differently. The proprietor has put her souvenirs from all over the world on display, for example, bedspreads from Africa or kitsch postcards from China. Stay here and you will enjoy a relaxed ambience, will be looked after as one of the family and, if you are lucky, you might meet the neighbours, who get together for a glass of wine in the garden if the weather is fine. The Eldorado also has a small bistro, but the hotel is equipped quite simply. Even if there is no hairdryer in the bathroom (bring your own), and no television in the rooms (not necessary in Paris), you can still have a lot of fun.

Rates: Single rooms from 57 €, double rooms from 75 €, breakfast from 8 €.
Rooms: 11 rooms, all differently furnished.
Restaurants: Simple French cuisine on the menu, or on the blackboard, in the Bistro des Dames. Burgundy wine from small domains is drunk in the Bar à vin, or in the hotel garden.
History: Your stay here will be as if with friends, in an idyllic area, yet near to Montmartre and Pigalle.

Aus einer ehemaligen „maison de rendez-vous" ist ein typisches „hôtel de charme" geworden – eine wunderbare Alternative zu den schäbigen und dafür zu teuren Möchtegernhotels von Montmartre und Pigalle. Das Eldorado Hotel hat viel Atmosphäre, ist äußerst preiswert und liegt dazu noch in einem kleinen Garten (wenn möglich, eines der ruhigen Zimmer zum grünen Innenhof reservieren) in einer pittoresken Straße. Alle elf Zimmer sind unterschiedlich eingerichtet. Die Besitzerin hat Souvenirs von ihren Reisen in alle Ecken der Welt in Szene gesetzt – zum Beispiel Tagesdecken aus Afrika oder Kitschpostkarten aus China. Wer hier wohnt, wird familiär umsorgt und lernt mit etwas Glück die Nachbarn kennen, die sich bei schönem Wetter auf ein Glas Wein im Garten treffen. Zum Eldorado gehört auch ein kleines Bistro – ansonsten ist das Haus eher einfach eingerichtet. In den Bädern gibt es keinen Haarfön (kann man selbst mitbringen) und in den Zimmern keinen Fernseher (braucht man in Paris nicht), dafür aber jede Menge Spaß.

Une ancienne « maison de rendez-vous » transformée en hôtel de charme. Cela nous change agréablement des hôtels snobs et chers mais médiocres. L'Hôtel Eldorado a de l'atmosphère à revendre, est très bon marché et se trouve en « pleine campagne » (si possible réserver une chambre donnant sur la cour intérieure verte) dans une rue pittoresque. Aucune chambre n'est semblable à l'autre. La propriétaire a rapporté des souvenirs de tous ses voyages et les a mis en scène – par exemple des couvre-lits africains ou des cartes postales kitsch chinoises. Celui qui séjourne ici savoure l'ambiance légère et conviviale et, avec un peu de chance, il fait la connaissance de ses voisins qui s'asseyent dans le jardin avec un verre de vin dès que le temps le permet. L'Eldorado possède aussi un petit bistro. La maison est aménagée plutôt simplement, la salle de bains n'est pas équipée d'un sèche-cheveux et les chambres n'ont pas de télévision ; qu'importe : le plaisir est ici garanti.

Preise: Einzelzimmer ab 57 €, Doppelzimmer ab 75 €, Frühstück 8 €.
Zimmer: 11 Zimmer, die alle unterschiedlich eingerichtet sind.
Restaurants: Im Bistro des Dames steht einfache französische Küche auf der Karte bzw. auf der Kreidetafel. Burgunder von kleinen Gütern trinkt man in der Bar à vin oder im hoteleigenen Garten.
Geschichte: Wohnen wie bei Freunden – in idyllischer Lage und doch nahe an Montmartre und Pigalle.

Prix : Chambre simple à partir de 57 €, chambre double à partir de 75 €, petit-déjeuner 8 €.
Chambres : 11 chambres, toutes meublées différemment.
Restauration : Cuisine traditionnelle et simple au Bistro des Dames ; plats à la carte ou sur l'ardoise. Dans le jardin ou dans le bar à vin, on boit le bourgogne de petits producteurs.
Histoire : Habiter comme chez des amis, dans un cadre idyllique, et tout près de Montmartre et Pigalle.

Hôtel du Petit Moulin

29–31, rue du Poitou, 75003 Paris
☎ +33 1 42 74 10 10   📠 +33 1 42 74 10 97
contact@hoteldupetitmoulin.com
www.hoteldupetitmoulin.com
Métro: St-Sébastien Froissart/Filles du Calvaire

In the old days there used to be a bakery on the ground floor of this building. It was the oldest Boulangerie in Paris, where Victor Hugo himself is said to have bought his daily baguette. Keeping this inheritance in mind, fashion designer Christian Lacroix converted the building into one of the quirkiest hotels in the city. An inspired mixture of materials and patterns prevails in the 17 rooms – for example, Scandinavian fabrics in large flower designs together with polka-dot carpets, combined with Christian Lacroix fashion sketches blown up as wall paper. The whole building reminds you of a doll's house and is one single fantasy, from the trompe-l'œil library in the lobby to the rooms, which range from kitsch décor to Zen flair, to modern design with Arne Jacobsen chairs. Lacroix's outstanding feeling for colour is shown to complete and wonderful advantage. Most of the rooms are petit, as are the chances of finding a room here, unfortunately. The hotel is nearly always fully booked.

Rates: Single and double rooms 190 €, chambre supérieure from 250 €, breakfast 15 €.
Rooms: 17 rooms in different designs.
Restaurants: Breakfast is taken at the vintage counter in the bar. Numerous bistros and restaurants are a short walk away.
History: The shop-window façade is listed for preservation. Inside the design hotel, opened in 2005, you experience modern haute couture as a lifestyle.

Früher war im Erdgeschoss dieses Hauses eine Bäckerei untergebracht – es war die älteste „Boulangerie" von Paris, in der sogar Victor Hugo täglich seine Baguette gekauft haben soll. Dieses Erbe verpflichtet, und so verwandelte der Modemacher Christian Lacroix das Gebäude in eines der witzigsten Hotels der Stadt. In den 17 Zimmern herrscht ein inspirierender Mix von Materialien und Mustern; z. B. skandinavische großblumige Stoffe mit gepunkteten Teppichböden, dazu Modezeichnungen von Christian Lacroix zu Tapeten aufgeblasen an den Wänden. Das ganze Haus erinnert an eine Puppenstube und ist eine einzige Fantasie – von der Trompe-l'œil-Bibliothek in der Lobby bis zu den Räumen im Kitsch-Dekor, Zen-Flair oder modernen Design mit Arne-Jacobsen-Stühlen. Das ausgezeichnete Farbgefühl von Lacroix kommt hier auf wunderbare Weise zur Geltung. Die meisten Zimmer sind „petit" – und das gilt leider auch für die Chancen, hier unterzukommen: Das Haus ist meist ausgebucht.

Preise: Einzel-/Doppelzimmer 190 €, Chambre supérieure ab 250 €, Frühstück 15 €.
Zimmer: 17 Zimmer in unterschiedlichen Designs.
Restaurants: Frühstück gibt es am Vintage-Tresen der Bar. In Fußnähe liegen zahlreiche Bistros und Restaurants.
Geschichte: Die Schaufensterfassade steht unter Denkmalschutz; im Inneren des 2005 eröffneten Design-Hotels erlebt man moderne Haute Couture zum Wohnen.

Le rez-de-chaussée de cette maison abritait autrefois une boulangerie, la plus ancienne de Paris, dans laquelle Victor Hugo lui-même serait venu chaque jour acheter sa baguette. Le couturier Christian Lacroix ne pouvait décidément pas rester insensible à cette histoire et il a transformé le bâtiment en l'un des hôtels les plus drôles de la capitale. Dans les 17 chambres règne un mélange inspirant de matières et de motifs ; par exemple des tissus scandinaves à grandes fleurs avec des moquettes à pois, et des dessins de mode de Lacroix devenus papier peint sur les murs. L'ensemble évoque une maison de poupée, une création pleine de fantaisie – de la bibliothèque en trompe-l'œil du foyer aux espaces kitsch, à la touche zen ou au design moderne des chaises d'Arne Jacobsen. Le remarquable sens de la couleur de Lacroix est ici admirablement mis en valeur. La plupart des chambres sont petites – et les chances de réservation sont malheureusement tout aussi minces : l'hôtel affiche le plus souvent complet.

Prix : Chambre simple/double 190 €, chambre supérieure à partir de 250 €, petit-déjeuner 15 €.
Chambres : 17 chambres différemment aménagées et décorées.
Restauration : Petit-déjeuner au comptoir vintage du bar. De nombreux bistros et restaurants sont accessibles à pied.
Histoire : La façade 1900 et l'enseigne sont classées monument historique. Hôtel design ouvert en 2005 – ici on peut évoluer dans un cadre Haute Couture.

Pavillon de la Reine

28, Place des Vosges, 75003 Paris
☎ +33 1 40 29 19 19   📄 +33 1 40 29 19 20
contact@pavillon-de-la-reine.com
www.pavillon-de-la-reine.com
Métro: Chemin Vert/Bastille

Place des Vosges, created by Henry IV, is still the most beautiful square in Paris, large but somehow intimate. Madame de Sévigné strolled here, as did Racine, Molière and, of course, Victor Hugo, who lived in house number 6 (today the site of the Hugo Museum). The Pavillon de la Reine transports the visitor into former times – the romantic vine-covered hotel is tucked away in an idyllic green courtyard planted with red geraniums. The rooms are discreetly furnished in country style, and many still have the old ceiling beams from the 17th century. The lobby with its huge fireplace is especially cosy, and there is the fragrant smell of burning fir logs. The rooms are all decorated in different colours, such as red and ochre, pink and white or pale yellow, with special extras such as big mirrors, antique escritoires and iron-hinged chests. Only breakfast is served in the Pavillon de la Reine, but the Marais has such a plethora of restaurants that it is very difficult to decide on one.

Rates: Single and double rooms from 370 €, suites from 660 €, breakfast from 25 €.
Rooms: 38 rooms and 16 suites.
Restaurants: There is an unusually large choice for petit déjeuner by Paris standards. The visitor can order a continental breakfast or help himself at the buffet.
History: The old part of the building originated in 1612. Excellent location.

Die von Heinrich IV. angelegte Place des Vosges ist nach wie vor der schönste Platz von Paris – mit Größe und gleichzeitig intimer Atmosphäre. Hier flanierten Madame de Sévigné, Racine, Molière und natürlich Victor Hugo, der im Haus mit der Nummer 6 wohnte (dort ist heute das Hugo-Museum untergebracht). Der Pavillon de la Reine versetzt Besucher wieder in alte Zeiten – das romantische Hotel steht zurückversetzt in einem idyllischen grünen Innenhof, ist mit roten Geranien geschmückt und von wildem Wein umrankt. Hier wohnt man in dezent im Landhausstil eingerichteten Räumen, von denen viele noch die alten Deckenbalken aus dem 17. Jahrhundert haben. Besonders die Lobby mit ihren riesigen Kaminen ist urgemütlich. Die Zimmer sind in unterschiedlichen Farben gehalten und bieten Extras wie große Spiegel, antike Sekretäre und eisenbeschlagene Truhen. Im Pavillon de la Reine kann man nur frühstücken, doch das Marais bietet so viele Restaurants, dass einem die Wahl fast schwerfällt.

C'est Henri IV qui décida de construire la Place des Vosges achevée en 1612. Madame de Sévigné, Racine et Molière se promenaient déjà sur cette place, à la fois spacieuse et intime, qui est restée la plus belle de Paris. Victor Hugo résida plus de seize ans au numéro 6 – il abrite aujourd'hui le musée qui lui est consacré. Le Pavillon de la Reine invite à la vie de château. Avec sa façade fleurie de géraniums et recouverte de vigne vierge, l'hôtel se dresse dans une cour verdoyante qui l'isole de la place et de son agitation. À l'intérieur, les pièces ont souvent conservé les poutres originales du 17e siècle, et sont aménagées comme dans un manoir. La réception et sa cheminée imposante où crépite un feu de sapin odorant est particulièrement accueillante. Les chambres offrent des teintes diverses, rouge et ocre, rose et blanc ou jaune clair et sont garnies de grands miroirs, de secrétaires anciens et de coffres ferrés. Le Pavillon de la Reine n'offre que le petit-déjeuner, mais les bons restaurants sont nombreux au Marais.

Preise: Einzel-/Doppelzimmer ab 370 €, Suite ab 660 €, Frühstück ab 25 €.
Zimmer: 38 Zimmer und 16 Suiten.
Restaurants: Beim „petit déjeuner" ist die Auswahl größer als sonst in Paris üblich – man kann kontinentales Frühstück bestellen oder sich am Buffet bedienen.
Geschichte: Der alte Gebäudeteil stammt aus dem Jahr 1612. Erstklassige Lage.

Prix : Chambre simple/double à partir de 370 €, suite à partir de 660 €, petit-déjeuner à partir de 25 €.
Chambres : 38 chambres et 16 suites.
Restauration : Le petit-déjeuner est servi dans un joli salon bibliothèque décoré de tapisseries. On peut se servir au buffet ou commander un petit-déjeuner continental.
Histoire : L'ancienne partie du bâtiment date de 1612. Au cœur du Marais.

Hôtel Bourg Tibourg

19, rue du Bourg-Tibourg, 75004 Paris
☎ +33 1 42 78 47 39   📄 +33 1 40 29 07 00
hotel@bourgtibourg.com
www.bourgtibourg.com
Métro: Hôtel de Ville/St-Paul

The Hôtel Bourg Tibourg belongs to the niece of Jean-Louis Costes (Hôtel Costes) and so it is not surprising that we can recognize Jacques Garcia's signature in the interior design. At first the rooms appear quite small and dimly lit, but looking more closely, we can see the mixture of colours, materials and styles that makes the hotel a small gem. Bordeaux-red glows next to mauve, delicate silk cushions gleam next to heavy velvet curtains, French romantic jostles with neo-Gothic furniture and oriental accessories. My tip is the room on the top floor, facing the street, which has a small balcony for breakfast and from which you enjoy a magnificent view over the roofs of Paris. The petit déjeuner is a special insider tip — home-made jam, jars of yogurt, fresh fruit and the best croissants in Paris. A further major advantage: the hotel is ideally located for getting to places of interest, such as the Musée Picasso and the Centre Pompidou.

Rates: Single rooms from 180 €, double rooms from 230 €, suites 360 €, breakfast 16 €.
Rooms: 30 rooms and 1 suite.
Restaurants: The hotel provides only breakfast. There are many bistros and restaurants in the immediate neighbourhood.
History: Opened 2002 and a stylish place to take note of.

Das Hôtel Bourg Tibourg gehört der Nichte von Jean-Louis Costes (Hôtel Costes), und so ist es kein Wunder, dass das Interieur auch hier die Handschrift von Jacques Garcia trägt. Auf den ersten Blick sind die Zimmer recht klein und schummrig, doch wer genauer hinsieht, erkennt eine Mischung aus Farben, Materialien und Stilen, die das Haus zu einem kleinen Juwel macht: Da leuchtet Bordeauxrot neben Violett, feine Seidenkissen glänzen neben schweren Samtvorhängen, französische Romantik trifft auf neogotische Möbel und orientalische Accessoires. Mein Lieblingszimmer ist der Raum, der in den oberen Etagen zur Straße liegt und ein Balkönchen zum Frühstücken hat, von dem man einen herrlichen Blick über die Dächer von Paris genießt. Das „petit déjeuner" ist ein kleiner Geheimtipp – dank hausgemachter Marmelade, Joghurt im Glas, frischen Früchten und den besten Croissants von Paris. Ein weiteres großes Plus: Das Hotel ist perfekt zu Sehenswürdigkeiten wie dem Musée Picasso und dem Centre Pompidou gelegen.

Preise: Einzelzimmer ab 180 €, Doppelzimmer ab 230 €, Suite 360 €, Frühstück 16 €.
Zimmer: 30 Zimmer und 1 Suite.
Restaurants: Das Hotel serviert nur Frühstück. In der unmittelbaren Umgebung gibt es zahlreiche Bistros und Restaurants.
Geschichte: 2002 eröffnet. Eine stilvolle Adresse, die man sich merken sollte.

L'Hôtel Bourg Tibourg appartient à la nièce de Jean-Louis Costes (Hôtel Costes), et la décoration intérieure porte ici aussi la griffe de Jacques Garcia. Si les chambres semblent peu spacieuses et sombres au premier coup d'œil, on remarque rapidement le mariage de couleurs, de matières et de styles qui transforme la maison en un petit bijou : le bordeaux chatoie à côté du violet, des coussins de soie raffinés côtoient les lourds rideaux de velours, le romantique à la française fait bon ménage avec des meubles néogothiques et des accessoires orientaux. À l'étage, il y a une chambre qui donne sur la rue et possède un petit balcon où l'on peut prendre son petit-déjeuner en laissant son regard flâner avec délices sur les toits de Paris. Quant au petit-déjeuner : exquise confiture maison, yaourt en petit bocal, fruits frais et les meilleurs croissants de Paris – vous voici dans le secret. Autre avantage de taille : l'hôtel est situé à proximité du Musée Picasso, du Centre Pompidou et du Musée Carnavalet.

Prix : Chambre simple à partir de 180 €, chambre double à partir de 230 €, suite 360 €, petit-déjeuner 16 €.
Chambres : 30 chambres et 1 suite.
Restauration : Petit-déjeuner uniquement. Mais de nombreux bistros et restaurants se trouvent à proximité.
Histoire : Hôtel de charme ouvert en 2002, une adresse à retenir.

HOTEL 19
CHAMBRE .5 variante et 64
DECORATION JACQUES GARCIA 212, rue de Rivoli 75001 PARIS

5, rue de Moussy

5, rue de Moussy, 75004 Paris
☎ +33 1 44 78 92 00   ☐ +33 1 42 76 08 48
info@3rooms-5ruedemoussy.com
Métro: Hôtel de Ville/St-Paul

Would you like to live in Paris à la parisienne and not feel like a tourist – in the heart of a fashionable quarter and in a designer apartment to make everyone green with envy? Then I recommend "5, rue de Moussy"; three apartments furnished by fashion designer Azzedine Alaïa with pieces from his own private, exquisite collection. Alaïa took this idea for unusual accommodation from friend, lifestyle expert Carla Sozzani, who opened "3 rooms 10 corso como" in Milan. In the Marais, next to his own boutique, and overlooking his workshop in the courtyard, he equipped three apartments of two or three rooms each with his designer furniture. You sit on Marc Newson armchairs, Pierre Paulin chairs and at Jean Prouvé tables, you switch on Serge Mouille lamps, and listen to music on Bang & Olufsen equipment. Smooth concrete floors and white walls give the apartments minimalist flair. Each apartment has a modern bathroom and a small kitchen.

Rates: 400 € for 1 person, 450 € for 2 people, 500 € for 3 people, breakfast 25 €.
Rooms: 3 apartments with 2 to 3 rooms each (living room, 1 to 2 bedrooms, bathroom, kitchen).
Restaurants: You can have breakfast brought to the apartment in the morning, cater for yourself in the afternoon and evening, or go out for dinner in the Marais.
History: Opened in 2004 and much sought-after since. Urgently recommended to book well in advance.

Möchten Sie in Paris „à la parisienne" und nicht wie ein Tourist leben – mitten in einem Szeneviertel und in einer Designer-Wohnung, um die Sie jeder beneidet? Dann empfehle ich die „5, rue de Moussy"; drei Apartments, die der Modemacher Azzedine Alaïa mit Möbeln aus seiner privaten, exquisiten Sammlung ausgestattet hat. Die Idee zu diesen ungewöhnlichen Unterkünften bekam Alaïa von einer Freundin, der Lifestyle-Expertin Carla Sozzani, die in Mailand die „3 rooms 10 corso como" eröffnet hat. Mitten im Marais, neben seiner Boutique und mit seinem Atelier im Hinterhof, richtete er daraufhin drei Apartments mit je zwei bis drei Zimmern mit seinen Designer-Möbeln ein. Man sitzt auf Marc-Newson-Sesseln, Pierre-Paulin-Stühlen und an Jean-Prouvé-Tischen, knipst Serge-Mouille-Lampen an und hört Musik aus der Bang-&-Olufsen-Anlage. Glatte Betonböden und weiße Wände verleihen den Wohnungen minimalistisches Flair. Jedes Apartment besitzt ein modernes Bad und eine kleine Küche.

Vous désirez vivre à la « parisienne » dans un quartier vraiment typique et dans un appartement de designer que tout le monde vous enviera ? Alors je vous recommande les « 5, rue de Moussy », trois appartements que le styliste Azzedine Alaïa a meublés en puisant dans son exquise collection privée. Pour ces logements inhabituels, il s'est inspiré d'une amie experte en lifestyle, Carla Sozzani, qui avait ouvert à Milan « 3 rooms 10 corso como ». À coté de sa boutique et de son atelier dans l'arrière-cour, situés au cœur du Marais, il a aménagé trois appartements de deux à trois pièces avec ses meubles design. Vous serez assis dans des fauteuils de Marc Newson, sur des chaises de Pierre Paulin et à des tables de Jean Prouvé, vous allumerez des lampes de Serge Mouille et écouterez de la musique avec des appareils de Bang & Olufsen. Les sols lisses en béton et les murs blancs confèrent aux appartements une ambiance minimaliste. Chaque appartement possède une salle de bains moderne et une petite cuisine.

Preise: 400 € für 1 Person, 450 € für 2 Personen, 500 € für 3 Personen, Frühstück 25 €.
Zimmer: 3 Apartments mit je 2 bis 3 Zimmern (Wohnzimmer, 1 bis 2 Schlafzimmer, Bad, Küche).
Restaurants: Morgens kann man ins Apartment Frühstück bestellen, mittags und abends selbst kochen oder im Marais essen gehen.
Geschichte: 2004 eröffnet und seitdem immer heiß begehrt. Unbedingt rechtzeitig reservieren!

Prix : 400 € pour 1 personne, 450 € pour 2 personnes, 500 € pour 3 personnes, petit-déjeuner 25 €.
Chambres : 3 appartements de 2 ou 3 pièces (salle de séjour, 1 ou 2 chambres, salle de bains, cuisine)
Restauration : On peut se faire monter le petit-déjeuner, préparer ses petits plats soi-même midi et soir ou prendre ses repas au Marais.
Histoire : Ouverts en 2004 et toujours très prisés. Réserver à l'avance !

Hôtel Saint Merry

78, rue de la Verrerie, 75004 Paris
☎ +33 1 42 78 14 15   📄 +33 1 40 29 06 82
hotelstmerry@wanadoo.fr
www.hotelmarais.com
Métro: Châtelet/Hôtel de Ville

I have never seen such a quirky hotel before or since my visit. Suddenly there it is in the historical heart of Paris: the Hôtel Saint Merry awaits its guests right next to the church of Saint-Merry, and celebrates Gothic in much the same way. So, the candlesticks are of cast iron, the wooden backrests of the chairs, the bed-heads and the cupboards are intricately carved in dark brown wood. The substantial original beams can still be seen in most of the ceilings. The room with the massive Gothic flying buttresses of stone is especially impressive. The atmosphere in the building is of an almost unreal quiet and sacral. Only the suites have a television. It is much nicer in any case to attend one of the classical concerts that are regularly performed in the church next door. Or to visit the Centre Georges Pompidou around the corner, or the nearby galleries, or to wander through the pedestrian area in front of the hotel, or to order a café crème in a pavement café.

Rates: Single and double rooms from 160 €, suites from 335 €, breakfast 11 €.
Rooms: 11 rooms and 1 suite on its own floor.
Restaurants: The hotel does not have its own restaurant but serves a continental breakfast.
History: A rare gem in the 17th-century former presbytery of Saint-Merry.

Ein solch skurriles Hotel habe ich weder vor noch nach dem Besuch wieder gesehen, völlig unerwartet steht es im historischen Herzen von Paris: Das Saint Merry erwartet seine Gäste direkt neben der Kirche Saint-Merry und zelebriert wie diese die Gotik. So sind die Leuchter aus Eisen geschmiedet, die hölzernen Stuhllehnen, die Kopfenden der Betten und die Schränke filigran aus dunkelbraunem Holz geschnitzt. An den meisten Decken sind noch die originalen dicken Balken zu sehen. Besonders beeindruckend ist das Zimmer, durch das sich massive gotische Strebebögen aus Stein ziehen. Die Atmosphäre in diesem Gebäude ist von beinahe unwirklicher Ruhe und sakral. Nur die Suite besitzt einen Fernseher. Viel schöner ist es aber ohnehin, eines der klassischen Konzerte zu besuchen, die regelmäßig in der Kirche nebenan veranstaltet werden. Oder das um die Ecke liegende Centre Georges Pompidou und die nahen Galerien zu besuchen, in der Fußgängerzone vor der Tür zu bummeln, in einem Straßencafé einen Café crème zu bestellen.

Ni avant ni après ma visite à Paris, je n'ai vu un hôtel aussi extraordinaire, situé d'une façon totalement inattendue dans le cœur historique de la capitale. Tout proche de l'église Saint-Merry, cet hôtel du même nom est décoré comme celle-ci dans le style gothique. Les lustres sont en fer forgé, les dossiers de chaise, les montants de lit et les armoires en bois finement ciselé. La majorité des plafonds ont gardé leurs grosses poutres d'origine. D'autre part, la chambre aux arcs-boutants gothiques en pierre est particulièrement impressionnante. Dans ce bâtiment, il règne une atmosphère de sacré et de tranquillité presque irréelle. Seule la suite possède une télévision. Il est d'ailleurs beaucoup plus agréable d'aller écouter un de ces concerts classiques donnés dans l'église voisine. Ou de visiter le Centre Pompidou et les galeries toutes proches, de faire du shopping dans la zone piétonne devant l'hôtel ou, tout simplement, de s'asseoir à la terrasse d'un café pour déguster un café crème.

Preise: Einzel-/Doppelzimmer ab 160 €, Suite ab 335 €, Frühstück 11 €.
Zimmer: 11 Zimmer und 1 Suite auf ihrer eigenen Etage.
Restaurants: Das Hotel besitzt kein eigenes Restaurant, serviert aber kontinentales Frühstück.
Geschichte: Ein seltenes Schmuckstück im ehemaligen Pfarrhaus von Saint-Merry aus dem 17. Jahrhundert.

Prix : Chambre simple/double à partir de 160 €, suite à partir de 335 €, petit-déjeuner 11 €.
Chambres : 11 chambres et 1 suite ayant son propre étage.
Restauration : L'hôtel ne possède pas de restaurant mais sert un petit-déjeuner continental.
Histoire : Petit joyau situé dans l'ancien presbytère de Saint-Merry datant du 17e siècle.

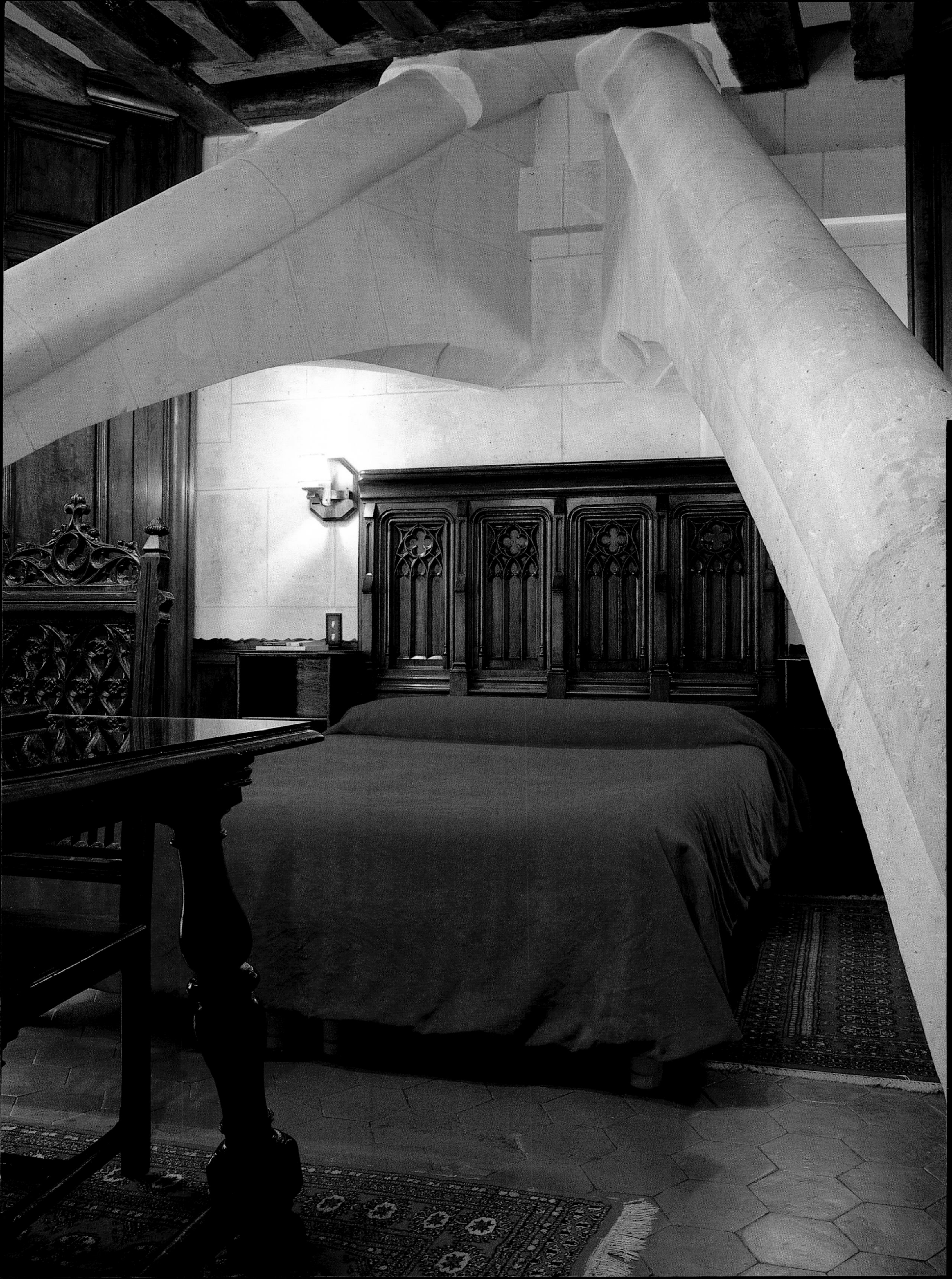

Hôtel des Grands Hommes

17, Place du Panthéon, 75005 Paris
☎ +33 1 46 34 19 60   ☐ +33 1 43 26 67 32
reservation@hoteldesgrandshommes.com
www.hoteldesgrandshommes.com
Métro: Cardinal Lemoine/Cluny La Sorbonne

Name-dropping is half the fun at the fantastically located Hôtel des Grands Hommes. In 1920 André Breton, father figure of the surrealist movement, wrote his manifesto "Les champs magnétiques" (The magnetic fields) here. The Panthéon opposite is the final resting place for many great Frenchmen, including Voltaire and Victor Hugo, not to mention Louise Braille, inventor of the Braille writing system for the blind. The majestic dome of the Panthéon is best seen from the rooms on the top floor, which have a magnificent view reaching as far as Sacré-Cœur. All 31 rooms in the hotel have been completely refurbished and are consistently elegant in shades of colour ranging from mauve to brown and blue. The rooms with their own balcony or a small terrace can be especially recommended, where you can enjoy your breakfast with a breathtaking view. The Jardin du Luxembourg and the Sorbonne are just around the corner, and the artist and bohemian district of Saint-Germain-des-Prés can be easily reached on foot.

Rates: Single rooms from 90 €, double rooms from 180 €, breakfast 13 €.
Rooms: 31 rooms.
Restaurants: The hotel serves the original French breakfast. It is advisable to go to St-Germain-des-Prés for lunch and dinner.
History: Situated in an 18th-century building, renovated in Empire style in 2002.

Im grandios gelegenen Hôtel des Grands Hommes ist „name dropping" schon fast die halbe Miete. Hier schrieb André Breton, der wichtigste Theoretiker des Surrealismus, 1920 sein Manifest „Les champs magnétiques" (Die magnetischen Felder). Im Panthéon direkt gegenüber sind einige der ganz großen Franzosen wie Voltaire und Victor Hugo beerdigt, ebenso wie Louis Braille, der Erfinder der Blindenschrift. Die majestätische Kuppel des Panthéons sieht man am besten von den Zimmern im obersten Stockwerk – von dort aus reicht die Sicht sogar bis zu Sacré-Cœur. Alle 31 Räume des Hotels wurden renoviert und sind elegant in Farbvariationen zwischen Mauve, Braun und Blau gehalten. Besonders empfehlenswert sind die Zimmer mit eigenem Balkon oder einer kleinen Terrasse, auf der es sich bei atemberaubendem Ausblick gemütlich frühstücken lässt. Gleich in der Nähe liegen der Jardin du Luxembourg, die Sorbonne und auch das Künstler- und Bohemienviertel Saint-Germain-des-Prés.

Les plus grands noms français sont descendus à l'Hôtel des Grands Hommes, lequel bénéficie d'un excellent emplacement. C'est ici qu'André Breton, le théoricien le plus important du surréalisme, écrivit en 1920 son manifeste « Les champs magnétiques ». L'hôtel est situé en face du Panthéon où sont inhumées d'illustres personnalités comme Voltaire et Victor Hugo ou encore Louis Braille, l'inventeur de l'alphabet pour les aveugles. Les chambres du dernier étage, d'où l'on peut même distinguer le Sacré-Cœur, offrent une vue imprenable sur la coupole majestueuse du Panthéon. Les 31 chambres de l'hôtel ont été entièrement rénovées dans des tons mauve, marron ou bleu et sont meublées avec élégance. Celles avec balcon ou petite terrasse, où l'on peut prendre son petit-déjeuner en jouissant du panorama, sont à recommander particulièrement. Le Jardin du Luxembourg est situé à deux pas et il est également possible de se rendre à pied à la Sorbonne ainsi que dans quartier bohème et artistique de Saint-Germain-des-Prés.

Preise: Einzelzimmer ab 90 €, Doppelzimmer ab 180 €, Frühstück 13 €.
Zimmer: 31 Zimmer.
Restaurants: Das Hotel serviert original französisches Frühstück. Zum Lunch und Dinner am besten nach Saint-Germain-des-Prés gehen.
Geschichte: In einem Gebäude aus dem 18. Jahrhundert untergebracht. 2002 im Empire-Stil renoviert.

Prix : Chambre simple à partir de 90 €, chambre double à partir de 180 €, petit-déjeuner 13 €.
Chambres : 31 chambres.
Restauration : L'hôtel sert un petit-déjeuner typiquement français. On prendra de préférence son déjeuner et son dîner à Saint-Germain-des-Prés.
Histoire : Bâtiment datant du 18e siècle rénové en 2002 dans le style Empire.

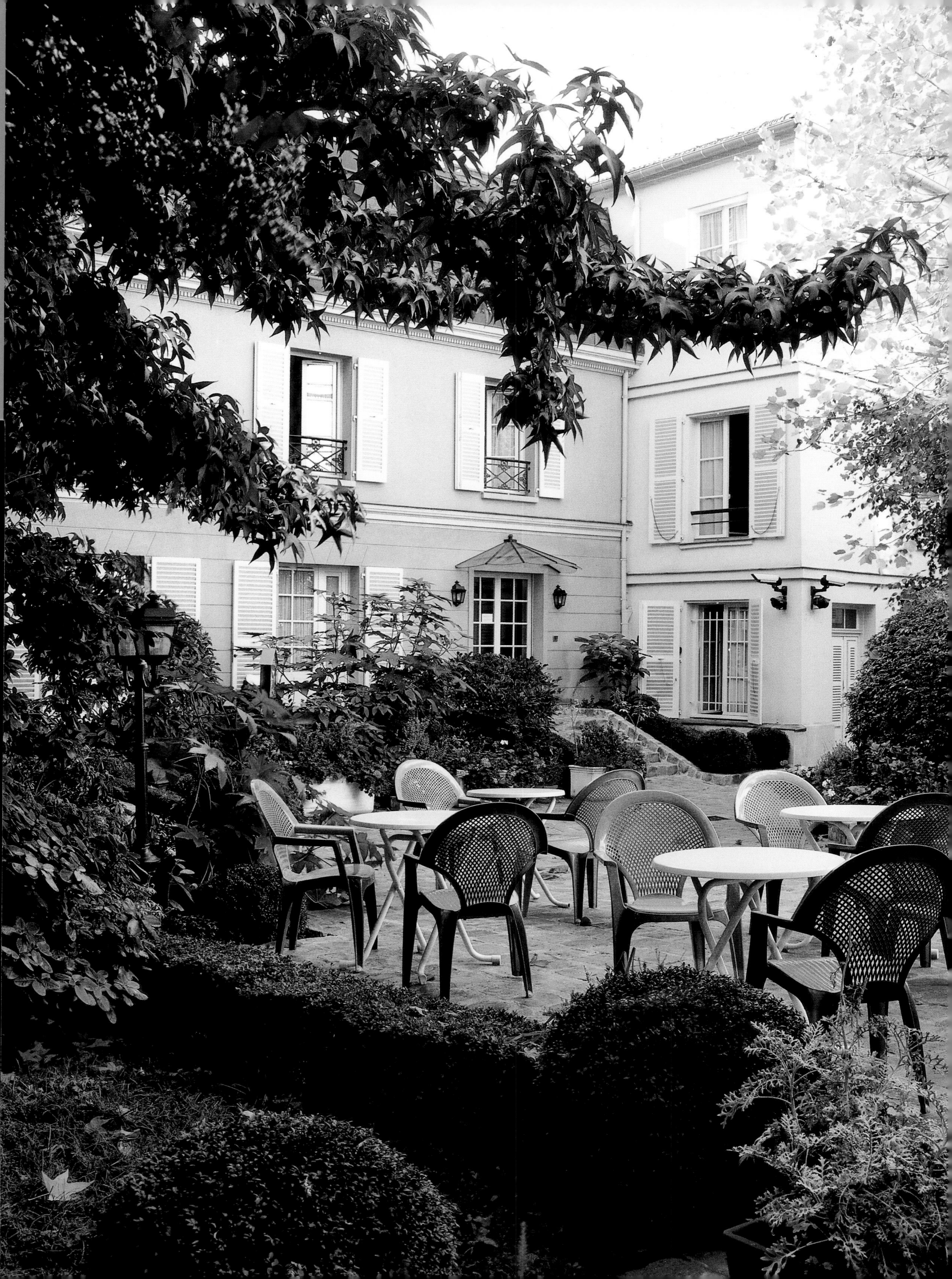

Hôtel des Grandes Écoles

75, rue du Cardinal Lemoine, 75005 Paris
☎ +33 1 43 26 79 23   📄 +33 1 43 25 28 15
hotel.grandes.ecoles@wanadoo.fr
www.hotel-grandes-ecoles.com
Métro: Cardinal Lemoine/Place Monge/Jussieu

Those who fall in love with this hotel return time and again. Here you can spend a country-style holiday in the heart of Paris. The Hôtel des Grandes Écoles is located in Montagne Sainte-Geneviève, a pretty district around the church of the same name. "Scholarly places" like the Sorbonne and the Panthéon are only a few steps away. However, you do not feel greatly affected by the weight of so much intellectual and historical heritage. The pink building with its white shutters is tucked away well back from the main road, in a green courtyard with old trees, flowers and rhododendron bushes, as if the city were miles away. Floral wallpaper, lace table clothes and chandeliers are the order of the day in the rooms. Some of them have their own bathrooms with tubs, others only a toilet and a shower, and not all have been redecorated. Families are welcome, a baby sitter can even be arranged on request and the children can play in the garden far from the traffic.

Rates: Single and double rooms from 113 €, breakfast from 9 €.
Rooms: 51 rooms (some suitable for up to 4 people).
Restaurants: The hotel is a classic B & B establishment. Many bistros and restaurants for lunch and dinner can be found in the Quartier Latin.
History: To all intents and purposes like a charming cottage, and run as a family business.

Wer sich einmal in dieses Hotel verliebt hat, kommt immer wieder: Hier verbringt man mitten in Paris Ferien auf dem Lande. Das Hôtel des Grandes Écoles steht auf der Montagne Sainte-Geneviève, einem hübschen Viertel rund um die gleichnamige Kirche – „Denkeradressen" wie die Sorbonne und das Panthéon sind nur ein paar Schritte entfernt. Von so viel intellektuellem und historischem Erbe spürt man hier aber wenig. Wie ein Cottage liegt das roséfarbene Gebäude mit seinen weißen Fensterläden, von der Straße weit zurückgelegen, in einem grünen Hof mit alten Bäumen, Blumen und Rhododendronbüschen – als ob die Großstadt meilenweit entfernt wäre. In den Räumen regieren Blümchentapeten, Spitzendeckchen und Kronleuchter. Manche Zimmer besitzen eigene Bäder, andere nur Toilette und Dusche, und nicht alle sind renoviert. Familien sind willkommen, auf Wunsch wird sogar ein Babysitter engagiert, und Kinder können fernab vom Verkehr im Garten spielen.

Situé au cœur de Paris, cet hôtel vous séduira par son cadre bucolique et vous n'aurez de cesse d'y revenir. L'Hôtel des Grandes Écoles est construit sur la Montagne Sainte-Geneviève, un quartier pittoresque autour de l'église du même nom, à quelques pas seulement de la Sorbonne et du Panthéon. Ressemblant à un cottage, son bâtiment de couleur rose aux volets blancs se trouve loin de la rue, au milieu d'un parc fleuri avec ses rhododendrons et ses arbres centenaires. On a l'impression d'être à mille lieues de la capitale et de son agitation. À l'intérieur, les tapisseries à fleurs, les napperons en dentelle et les lustres lui donnent un petit air champêtre. Certaines chambres possèdent une salle de bains, d'autres uniquement des douches avec toilettes, et toutes ne sont pas rénovées. Les familles sont les bienvenues et peuvent demander les services d'une baby-sitter. Les enfants joueront dans le parc, loin de la circulation.

Preise: Einzel-/Doppelzimmer ab 113 €, Frühstück 9 €.
Zimmer: 51 Zimmer (einige für bis zu 4 Personen geeignet).
Restaurants: Das Hotel ist ein klassisches Bed & Breakfast; zum Mittag- und Abendessen finden sich im Quartier Latin zahlreiche Bistros und Restaurants.
Geschichte: Wie ein bezauberndes Cottage, das als Familienbetrieb geführt wird.

Prix : Chambre simple/double à partir de 113 €, petit-déjeuner 9 €.
Chambres : 51 chambres (certaines pouvant accueillir jusqu'à 4 personnes).
Restauration : L'hôtel propose uniquement le petit-déjeuner ; le déjeuner et le dîner pourront se prendre au Quartier Latin, bistros et restaurants étant légion.
Histoire : Charmant cottage de gestion familiale.

Hôtel des Marronniers

21, rue Jacob, 75006 Paris
☎ +33 1 43 25 30 60   ☐ +33 1 40 46 83 56
hotel-des-marronniers@wanadoo.fr
www.hotel-marronniers.com
Métro: St-Germain-des-Prés/Mabillon/Odéon

The Hôtel des Marronniers is fantastically located in rue Jacob, the most romantic street in Saint-Germain-des-Prés, and away from the tourist hustle and bustle. Now and again you should go and drink a coffee on the terrace of the nearby Café de Flore or Les Deux Magots, or eat a hareng à l'huile in Lipp, as Hemingway did, and browse in the little antique shops in the vicinity. After a walk, the best way to relax is in the idyllic hotel garden, which feels très français with its gravel and its white wrought-iron furniture. If the weather is good, it is open for breakfast. Most of the 37 rooms are plush and very small, but ask for a room on the top floor with a view over the leafy treetops to the church spire of Saint-Germain. The charm and the view make up for the small size, above all when you can leave the window open on warm nights.

Rates: Single rooms from 115 €, double rooms from 155 €, breakfast 12 €.
Rooms: 37 rooms.
Restaurants: The Hôtel des Marronniers only serves breakfast.
History: An hôtel de charme steeped in tradition, taking its name from the chestnut trees in the garden. Very pretty in summer – essential to book well in advance for this season.

Das Hôtel des Marronniers liegt fantastisch – in der romantischsten Straße von Saint-Germain-des-Prés, der rue Jacob, und etwas ab vom Touristenrummel. Man muss von dort aus ab und an einen Kaffee auf der Terrasse des nahe gelegenen Café de Flore oder Les Deux Magots trinken, im Lipp wie Hemingway einen Hareng à l'huile essen und sich in den kleinen Antiquitätenläden in der nächsten Umgebung umsehen. Nach einem Bummel entspannt man am besten im idyllischen Garten des Hotels, der mit seinem Kiesboden, weiß lackierten und geschwungenen Eisenmöbeln „très français" wirkt. Bei schönem Wetter ist er schon zum Frühstück geöffnet. Die meisten der 37 Zimmer sind plüschig und sehr klein – aber fragen Sie nach einem der Räume in den oberen Etagen mit Blick über die dicken Baumkronen auf die Kirchturmspitze von Saint-Germain. Ihr Charme und ihre Aussicht kompensieren die wenigen Quadratmeter, vor allem, wenn man in warmen Nächten die Fenster geöffnet lassen kann.

Situé rue Jacob, la plus romantique des rues de Saint-Germain-des-Prés, l'Hôtel des Marronniers bénéficie d'un emplacement fantastique, à l'écart de l'agitation touristique. Vous trouverez pourtant à deux pas les Deux Magots ou le Café de Flore avec sa terrasse invitant à boire un café, le Lipp, où vous dégusterez comme Hemingway un hareng à l'huile, et une pléiade de petits magasins d'antiquités. Après votre shopping, la meilleure façon de vous détendre est de vous asseoir dans le jardin idyllique de l'hôtel – ambiance très française avec son gravier et ses tables et chaises en fer travaillé. Les jours de beau temps, on y sert le petit-déjeuner. À l'intérieur, la plupart des 37 chambres sont douillettes mais très petites, cependant si vous résidez aux étages supérieurs, vous jouirez d'une très belle vue par dessus les arbres sur la tour de l'église Saint-Germain. Le charme et la vue de ces chambres vous dédommageront du manque d'espace surtout si vous pouvez laisser ouvertes les fenêtres les nuits d'été.

Preise: Einzelzimmer ab 115 €, Doppelzimmer ab 155 €, Frühstück 12 €.
Zimmer: 37 Zimmer.
Restaurants: Das Hôtel des Marronniers serviert nur Frühstück.
Geschichte: Ein traditionsreiches „hôtel de charme", das seinen Namen den Kastanienbäumen im Garten verdankt. Sehr hübsch im Sommer und Herbst – zu dieser Jahreszeit unbedingt rechtzeitig reservieren.

Prix : Chambre simple à partir de 115 €, chambre double à partir de 155 €, petit-déjeuner 12 €.
Chambres : 37 chambres.
Restauration : L'Hôtel des Marronniers ne sert que le petit-déjeuner.
Histoire : Un « hôtel de charme » riche en tradition, qui doit son nom aux arbres plantés dans le jardin. Très agréable en été, il faut réserver à l'avance pour cette saison.

Hôtel Bel-Ami

7/11, rue Saint-Benoît, 75006 Paris
☎ +33 1 42 61 53 53   📄 +33 1 49 27 09 33
contact@hotel-bel-ami.com
www.hotel-bel-ami.com
Métro: St-Germain-des-Prés

If the typical French hôtel de charme with its plush and frills doesn't really appeal to you, then you will feel at home here: Hôtel Bel-Ami is what nowadays is termed stylish or urban chic. Grace Leo-Andrieu, who also designed the Lancaster, joined forces with the interior decorators Nathalie Battesti and Véronique Terreaux to concentrate on a minimalist interior. The 115 rooms and suites behind the classically elegant façade can be booked according to your very individual colour preference. There are rooms in a fresh orange tone, in a warm blue and chocolate-brown combination, and in a delicate apple green. The selection in the mini-bar is thoughtfully put together, with a water menu of seven different types of mineral waters. At breakfast, taken in the light and airy Bel-Ami Café with impressive Serge Mouille lamps on the walls, you may meet interesting people getting ready for a day in Paris.

Rates: Single and double rooms from 360 €, suites from 620 €, breakfast 25 €.
Rooms: 107 rooms and 5 suites.
Restaurants: The Bel Ami Bar is open from 10:30 am to midnight. You can have breakfast, or a snack, or just enjoy a cocktail, whisky, wine or champagne.
History: In the 14th century, the west wing of the abbey of St-Germain was located here, later a post-office building, and then the national printer's office. The design hotel Bel-Ami was opened in 2000, and refurbished in 2004 and 2007.

Wer die typisch französischen „hôtels de charme" mit ihrem Plüsch und Rüschen nicht so gerne mag, wird sich hier wohl fühlen: Das Hôtel Bel-Ami ist das, was man heutzutage „stylish" oder „urban chic" nennt. Grace Leo-Andrieu, die z. B. auch das Lancaster gestaltete, hat sich zusammen mit den Innenarchitektinnen Nathalie Battesti und Véronique Terreaux auf minimalistisches Interieur konzentriert. Die 115 Zimmer und Suiten hinter der klassisch-eleganten Fassade kann man ganz nach individuellen Farbvorlieben buchen. Es gibt Räume in frischem Orange, in einer warmen Blau-Schokoladenbraun-Kombination und in sanftem Apfelgrün. Gut durchdacht ist das Sortiment der Minibar: Es umfasst ein Wasser-Menü mit sieben verschiedenen Mineralwasser-Sorten. Zum Frühstück im lichtdurchfluteten Bel-Ami Café mit den wirkungsvollen Lampen von Serge Mouille an den Wänden trifft man interessante Leute, die sich für einen Tag in Paris stärken.

Celui qui n'apprécie guère les « hôtels de charme » typiquement français avec leurs chichis et leurs volants, se sentira parfaitement à l'aise ici : l'Hôtel Bel-Ami mérite bien les qualificatifs de « stylish » ou « urban chic ». Grace Leo-Andrieu, qui a aussi aménagé le Lancaster, a opté pour une décoration minimaliste avec les architectes Nathalie Battesti et Véronique Terreaux. Les 115 chambres et suites de cet hôtel à la façade classique et élégante peuvent être réservées en fonction de la couleur que l'on préfère. Il y a les chambres en orange pour une atmosphère chaleureuse, en bleu frais rehaussé de chocolat et en vert tendre pour une ambiance plus reposante. Le choix du minibar est judicieux, il propose sept eaux minérales différentes. Le petit-déjeuner se prend au Bel-Ami Café, une pièce lumineuse avec à ses murs les lampes très design de Serge Mouille. On y rencontre des gens intéressants qui, en se servant au copieux buffet, prennent des forces pour une journée à Paris.

Preise: Einzel-/Doppelzimmer ab 360 €, Suite ab 620 €, Frühstück 25 €.
Zimmer: 107 Zimmer und 5 Suiten.
Restaurants: In der Bel-Ami Bar, die von 10.30–24 Uhr geöffnet hat, kann man frühstücken, eine Kleinigkeit zu sich nehmen oder Cocktails, Whisky, Wein und Champagner trinken.
Geschichte: Im 14. Jahrhundert stand an dieser Stelle der Westflügel der Abtei St-Germain, später ein Postgebäude und dann die nationale Druckerei. Das Designhotel Bel-Ami wurde im Jahr 2000 eröffnet und 2004 sowie 2007 renoviert.

Prix : Chambre simple/double à partir de 360 €, suite à partir de 620 €, petit-déjeuner 25 €.
Chambres : 107 chambres et 5 suites.
Restauration : Le Bel-Ami Bar est ouvert de 10.30h à minuit et sert le petit-déjeuner, des snacks, des cocktails, du whisky, des vins et du champagne.
Histoire : Au 14e siècle se tenait à cet endroit l'aile ouest de l'abbaye de Saint-Germain, plus tard un bâtiment de la poste, puis l'imprimerie nationale. L'hôtel design Bel-Ami a été ouvert en 2000 et rénové en 2004 et 2007.

Hôtel d'Angleterre

44, rue Jacob, 75006 Paris
☎ +33 1 42 60 34 72   📠 +33 1 42 60 16 93
reservation@hotel-dangleterre.com
www.hotel-dangleterre.com
Métro: St-Germain-des-Prés

This building has a fascinating history and has had some renowned guests. It housed the British Embassy at the end of the 18th century (in 1783 the Treaty of Paris, which concluded the American War of Independence, was drawn up), and on 20 December 1921, Ernest Hemingway stayed in Room 14 for the first time, the first of many visits by the author. Apart from the ideal location in the heart of Saint-Germain-des-Prés, the size of the rooms should be mentioned – so much space is really rare in Paris. All of the rooms are individually decorated. Some rooms are furnished with off-white fabrics, classic furniture and a lot of marble, others have a rustic touch with flowered wallpaper and thick wooden ceiling beams. Why not ask for advice at the reception before checking in, giving your own personal preference? The small courtyard is also very charming, and you can have breakfast there al fresco when the weather is fine.

Rates: Single rooms 140 €, double rooms from 200 €, suites from 295 €, breakfast always included.
Rooms: 21 rooms, 5 junior suites and 1 apartment, all individually furnished.
Restaurants: The Hôtel d'Angleterre serves breakfast only.
History: A charming town hotel with a rich history and in a first-class location on the Rive Gauche.

Dieses Haus hat eine spannende Geschichte und berühmte Gäste: Ende des 18. Jahrhunderts residierte hier die britische Botschaft (1783 wurde hier sogar der Pariser Friedensvertrag zur Anerkennung der Vereinigten Staaten durch Großbritannien unterzeichnet), und am 20. Dezember 1921 übernachtete Ernest Hemingway zum ersten Mal in Zimmer 14 – es war nur der erste von vielen Aufenthalten des Autors. Neben der idealen Lage mitten in Saint-Germain-des-Prés ist die Größe der Zimmer besonders erwähnenswert – so viel Platz ist in Paris wirklich eine Seltenheit. Alle Räume sind unterschiedlich eingerichtet; es gibt Zimmer mit cremefarbenen Stoffen, klassischen Möbeln und viel Marmor, aber auch rustikal angehauchtes Ambiente mit Blümchentapeten und dicken Holzbalken unter der Decke. Am besten lässt man sich vor dem Einchecken je nach persönlichen Vorlieben an der Rezeption beraten. Sehr charmant ist auch der kleine Innenhof, in dem bei schönem Wetter das Frühstück unter freiem Himmel serviert wird.

L'histoire de cette demeure est passionnante. À la fin du 18e siècle, elle était en effet le siège de l'Ambassade d'Angleterre et c'est ici que les Anglais signèrent en 1783 le Traité de Paris qui reconnaît l'indépendance des États-Unis. Transformée en hôtel, elle accueillit des clients célèbres comme Ernest Hemingway, lequel y résida pour la première fois le 20 décembre 1921 dans la chambre 14. Ce séjour fut suivi de nombreux autres. En plus de son emplacement idéal, au cœur de Saint-Germain-des-Prés, ses chambres spacieuses sont le second atout de l'hôtel. Il est rare de bénéficier d'autant d'espace dans Paris. L'hôtel propose des chambres parées d'étoffes crème, meubles classiques et marbre, ou d'autres à l'ambiance plus rustique avec leur tapisserie à fleurs et leurs grosses poutres en bois apparentes. Le mieux est de s'adresser à la réception qui vous conseillera selon vos goûts. Les jours de beau temps, le petit-déjeuner est servi à ciel ouvert dans le charmant jardin-patio.

Preise: Einzelzimmer 140 €, Doppelzimmer ab 200 €, Suite ab 295 €, Frühstück inbegriffen.
Zimmer: 21 Zimmer, 5 Junior-Suiten und 1 Apartment, alle individuell eingerichtet.
Restaurants: Das Hôtel d'Angleterre serviert nur Frühstück.
Geschichte: Ein charmantes Stadthotel mit reicher Historie und in erstklassiger Lage an der Rive Gauche.

Prix : Chambre simple 140 €, chambre double à partir de 200 €, suite à partir de 295 €, petit-déjeuner compris.
Chambres : 21 chambres, 5 junior suites et 1 appartement, le tout aménagé de façon individuelle.
Restauration : L'Hôtel d'Angleterre ne sert que le petit-déjeuner.
Histoire : Un charmant hôtel chargé d'histoire et bénéficiant d'une situation privilégiée sur la Rive Gauche.

Hôtel Récamier

3 bis, Place Saint-Sulpice, 75006 Paris
☎ +33 1 43 26 04 89   ☐ +33 1 46 33 27 73
hotelrecamier@wanadoo.fr
Métro: St-Sulpice/Mabillon/St-Germain-des-Prés

A hotel for all fans of Dan Brown's "Da Vinci Code", hidden away in a far corner of Place Saint-Sulpice. You can follow the trail of the Da Vinci Code in Saint-Sulpice Church and discover the mysterious side of Paris. Saint-Sulpice always had a rather nondescript existence until it became famous through the best seller. Incidentally, it is the largest place of worship in the city after Notre-Dame. But even if you are more interested in the present than in myths, this is still a good place to stay. From the hotel you can stroll to the highlights of Saint-Germain-des-Prés, browse in bookshops and boutiques, and indulge in a grand crème in a pavement café. My favourite is directly opposite the square. The rooms of the Hôtel Récamier are all quiet, and furnished in that slightly decadent style that has a certain Parisian charm. However, they are very small and offer few mod cons, and the bathrooms are certainly not luxurious. On the other hand, the staff are exceptionally friendly.

Rates: Single and double rooms from 110 €, breakfast 8 €.
Rooms: 30 rooms.
Restaurants: The hotel serves breakfast, but it is also nice to have croissants and coffee in one of the nearby cafés.
History: An unpretentious townhouse and a good low-budget tip in the heart of the city.

Dieses Hotel versteckt sich im hintersten Winkel der Place Saint-Sulpice. Hier kann man in der gleichnamigen Kirche den Spuren von Dan Browns Thriller „Sakrileg" folgen und das geheimnisvolle Gesicht von Paris entdecken. Saint-Sulpice, die immer ein recht unscheinbares Dasein führte und erst durch den Bestseller berühmt wurde, ist übrigens nach Notre-Dame das größte Gotteshaus der Stadt. Aber auch wer weniger an den Mythen als an der Gegenwart Interesse hat, ist hier gut aufgehoben. Vom Hotel aus bummelt man bequem zu den Highlights von Saint-Germain-des-Prés, stöbert in Buchhandlungen und Modeboutiquen und gönnt sich als Pause einen „grand crème" in einem Straßencafé, mein liebstes liegt direkt gegenüber dem Platz. Die Zimmer des Hôtel Récamier sind alle ruhig gelegen und im pariserisch-charmanten, leicht morbiden Stil ausgestattet. Sie sind allerdings sehr klein und bieten nicht viel Komfort (auch die Bäder sind alles andere als luxuriös). Aber dafür ist das Personal ausgesprochen freundlich.

Cet hôtel est dissimulé dans une encoignure reculée de la Place Saint-Sulpice. Dans l'église du même nom, on pourra suivre les traces du « Da Vinci Code » de Dan Brown tout en découvrant le visage mystérieux de Paris. Peu connue dans le passé par les étrangers, l'église Saint-Sulpice doit sa nouvelle célébrité au best-seller. Elle est d'ailleurs la plus grande église de Paris après Notre-Dame. Mais même si vous vous intéressez plus au présent qu'aux mythes du passé, vous ne regretterez pas d'avoir choisi cet hôtel. À proximité de toutes les curiosités de Saint-Germain-des-Prés, vous pourrez faire les librairies, les boutiques de mode et boire un « grand crème » à la terrasse d'un café si vous désirez faire une pause. Les chambres de l'Hôtel Récamier sont toutes tranquilles et aménagées dans un style charmant, typiquement parisien mais légèrement vieillot. Très petites, elles n'offrent pas beaucoup de confort (les salles de bains ne sont pas très luxueuses). En contrepartie, le personnel est extrêmement aimable.

Preise: Einzel-/Doppelzimmer ab 110 €, Frühstück 8 €.
Zimmer: 30 Zimmer.
Restaurants: Das Hotel serviert Frühstück; es ist aber auch nett, in eines der nahen Cafés zu gehen und dort Croissants und Kaffee zu bestellen.
Geschichte: Ein schlichtes Stadthaus und ein guter Low-Budget-Tipp im Herzen der Stadt.

Prix : Chambre simple/double à partir de 110 €, petit-déjeuner 8 €.
Chambres : 30 chambres.
Restauration : L'hôtel sert le petit-déjeuner ; il est aussi très agréable de se rendre dans l'un des cafés tout proches et d'y commander un café et des croissants.
Histoire : Établissement simple mais situé en plein centre de la capitale, bonne adresse pour les petits budgets.

Hôtel Verneuil

8, rue de Verneuil, 75007 Paris
☎ +33 1 42 60 82 14   📠 +33 1 42 61 40 38
info@hotelverneuil.com
www.hotelverneuil.com
Métro: Rue du Bac

Rue de Verneuil is a very picturesque location. Parisian high society used to stroll along this pretty street in the heart of Saint-Germain-des-Prés. And Serge Gainsbourg lived in house 5, where his fans have turned the wall (mur de Gainsbourg) into an exuberant graffiti. Hôtel Verneuil is situated diagonally opposite and has 26 rooms behind the attractive façade, all of which have been individually designed by Michelle Halard. They are decorated in soft pastel shades, bright red, or blue and white, and exhibit an unbelievably French charm. Even if they are tiny, the view of the pretty street more than makes up for lack of space. On the ground floor, a comfortable salon with a library makes you feel at home with its drawing-room atmosphere. You can enjoy breakfast in the basement or in your own room – or indeed in the nearby Café de Flore, and then go on to explore the Quartier Latin or the Rive Gauche.

Rates: Single rooms from 140 €, double rooms from 170 €, breakfast 13 €.
Rooms: 26 rooms, each individually designed.
Restaurants: Hôtel Verneuil serves the classic French breakfast but does not have its own restaurant for lunch or dinner. There are drinks for the guests in the salon.
History: A charming hotel in a 17th-century building. The rooms were refurbished in 1998.

Die rue de Verneuil ist eine pittoreske Adresse. Früher flanierte die Pariser High Society durch diese hübsche Straße mitten in Saint-Germain-des-Prés. Und im Haus mit der Nummer 5 lebte Serge Gainsbourg – seine Fans haben die Hauswand (die „mur de Gainsbourg") in ein überbordendes Graffiti verwandelt. Das Hôtel Verneuil liegt schräg gegenüber und besitzt hinter der schönen Fassade 26 Zimmer, die von Michelle Halard individuell ausgestattet wurden. Sie sind in sanften Pastelltönen, leuchtendem Rot oder in Blau-Weiß gehalten und haben einen unglaublich französischen Charme. Auch wenn sie winzig klein sind, der Ausblick auf die hübsche Straße entschädigt den Platzmangel. Ebenerdig ist ein gemütlicher Salon mit Bibliothek eingerichtet, in dessen Wohnzimmerflair man sich sofort wie zu Hause fühlt. Das Frühstück kann man im Untergeschoss und im eigenen Zimmer genießen. Oder im nahe gelegenen Café de Flore, um anschließend das Quartier Latin oder die Rive Gauche zu entdecken.

La rue de Verneuil est une rue pittoresque. Jadis, la haute société parisienne flânait dans cette jolie rue au cœur de Saint-Germain-des-Prés. Et c'est au numéro 5 que vécut Serge Gainsbourg – ses fans ont d'ailleurs couvert de graffitis le mur de sa maison (le « mur de Gainsbourg »). En face se dresse la belle façade de l'Hôtel Verneuil, lequel abrite 26 chambres, toutes aménagées individuellement par Michelle Halard. De couleur pastel, en rouge flamboyant ou dans des tons bleus et blancs, il s'en dégage un charme incroyablement français. Même si ces chambres sont minuscules, la vue sur la jolie rue dédommage du manque d'espace. L'hôtel dispose d'un salon avec bibliothèque, si confortable qu'on a vraiment l'impression de se sentir chez soi. Le petit-déjeuner peut être pris au sous-sol ou dans la chambre. Ou bien encore au Café de Flore tout proche, avant de partir à la découverte du Quartier Latin ou de la Rive Gauche.

Preise: Einzelzimmer ab 140 €, Doppelzimmer ab 170 €, Frühstück 13 €.
Zimmer: 26 Zimmer, die alle unterschiedlich gestaltet sind.
Restaurants: Das Hôtel Verneuil serviert klassisch französisches Frühstück, hat aber kein eigenes Restaurant für Lunch und Dinner. Im Salon stehen Drinks für Gäste bereit.
Geschichte: Ein charmantes Stadthotel in einem Haus aus dem 17. Jahrhundert. Die Zimmer wurden 1998 renoviert.

Prix : Chambre simple à partir de 140 €, chambre double à partir de 170 €, petit-déjeuner 13 €.
Chambres : 26 chambres, toutes aménagées différemment.
Restauration : L'Hôtel Verneuil sert un petit-déjeuner français classique, mais n'a pas de restaurant ni pour le déjeuner ni pour le dîner. Au salon, des boissons sont à la disposition du client.
Histoire : Un charmant hôtel de ville dans une maison du 17e siècle. Les chambres ont été rénovées en 1998.

Hôtel Duc de Saint-Simon

14, rue de St-Simon, 75007 Paris
☎ +33 1 44 39 20 20   📄 +33 1 45 48 68 25
duc.de.saint.simon@wanadoo.fr
www.hotelducdesaintsimon.com
Métro: Rue du Bac

Hôtel Duc de Saint-Simon is romantic, luxurious and très français. Many American visitors stay here because the building looks exactly as traditional France is visualized in the New World. It surrounds an inner courtyard overgrown with wisteria, and you could almost believe you were in a green oasis outside of the city. And all that just around the corner from delightful rue de Grenelle with its pretty shops, and not far from the Musée d'Orsay and Musée Rodin. Each guest can choose which decoration of the 34 rooms and suites he personally prefers: blue and white stripes, red and white stripes or floral, all very classic, all really comfortable. Should you wish to treat yourself to something really special, ask for a room with a terrace. Antiques for the interior decoration were sought and found throughout France. The bar has been set up in the atmospheric 17th-century basement vault.

Rates: Single and double rooms from 225 €, suites from 385 €, breakfast 15 €.
Rooms: 29 rooms and 5 suites.
Restaurants: Breakfast is taken in your room, in the bar or in the delightful courtyard in fine weather – the last being without doubt the best choice.
History: The hotel was named after the French writer Saint-Simon and is furnished with elegance and loving attention to detail.

Das Hôtel Duc de Saint-Simon ist romantisch, luxuriös und „très français". Hier wohnen viele amerikanische Gäste, denn das Haus ist einfach so, wie man sich das traditionelle Frankreich in der Neuen Welt vorstellt. Es liegt rund um einen Innenhof, der mit Glyzinen bewachsen ist und einen beinahe glauben lässt, in einer grünen Oase außerhalb der Stadt zu sein. Das Ganze um die Ecke der entzückenden rue de Grenelle mit hübschen Geschäften und nicht weit vom Musée d'Orsay und Musée Rodin. Die Inneneinrichtung der 34 Zimmer und Suiten kann sich jeder Gast nach persönlichen Vorlieben aussuchen – blau-weiß oder rot-weiß gestreift oder geblümt –, aber alle sehr klassisch und wirklich komfortabel. Wer sich etwas Besonderes gönnen möchte, sollte nach einem Zimmer mit eigener Terrasse fragen. Für das Interieur wurden Antiquitäten aus ganz Frankreich besorgt. Die Bar ist in einem atmosphärischen Gewölbe aus dem 17. Jahrhundert untergebracht.

L'Hôtel Duc de Saint-Simon est un hôtel romantique, luxueux et très français. De nombreux clients américains y résident car il correspond à l'idée que les habitants du Nouveau Monde se font de la France traditionnelle. S'élevant autour d'une cour intérieure couverte de glycines, une véritable oasis de verdure en plein centre-ville, cet hôtel est situé au coin de la ravissante rue de Grenelle avec ses jolies boutiques et non loin du Musée d'Orsay et du Musée Rodin. Suivant ses préférences, le client choisira la décoration de sa chambre – rayures bleues et blanches ou rouges et blanches ou à fleurs. Toutes les chambres sont très classiques et vraiment confortables. Si vous désirez une chambre exceptionnelle, vous demanderez celle avec terrasse. Pour la décoration, on a parcouru toute la France à la recherche d'antiquités. Le bar est situé dans une cave voûtée du 17e siècle.

Preise: Einzel-/Doppelzimmer ab 225 €, Suite ab 385 €, Frühstück 15 €.
Zimmer: 29 Zimmer und 5 Suiten.
Restaurants: Zum Frühstück bleibt man auf dem Zimmer, geht in die Bar oder bei schönem Wetter in den traumhaften Innenhof – die dritte Möglichkeit ist ohne Zweifel die beste.
Geschichte: Das Hotel wurde nach dem französischen Schriftsteller Saint-Simon benannt und ist elegant sowie mit viel Liebe zum Detail eingerichtet.

Prix : Chambre simple/double à partir de 225 €, suite à partir de 385 €, petit-déjeuner 15 €.
Chambres : 29 chambres et 5 suites.
Restauration : Le petit-déjeuner se prend dans la chambre, au bar ou, quand il fait beau, dans la magnifique cour intérieure – cette dernière alternative étant de loin la meilleure.
Histoire : Portant le nom de l'écrivain, le duc de Saint-Simon, l'hôtel est élégant et décoré avec l'amour du détail.

Restaurants

Restaurants

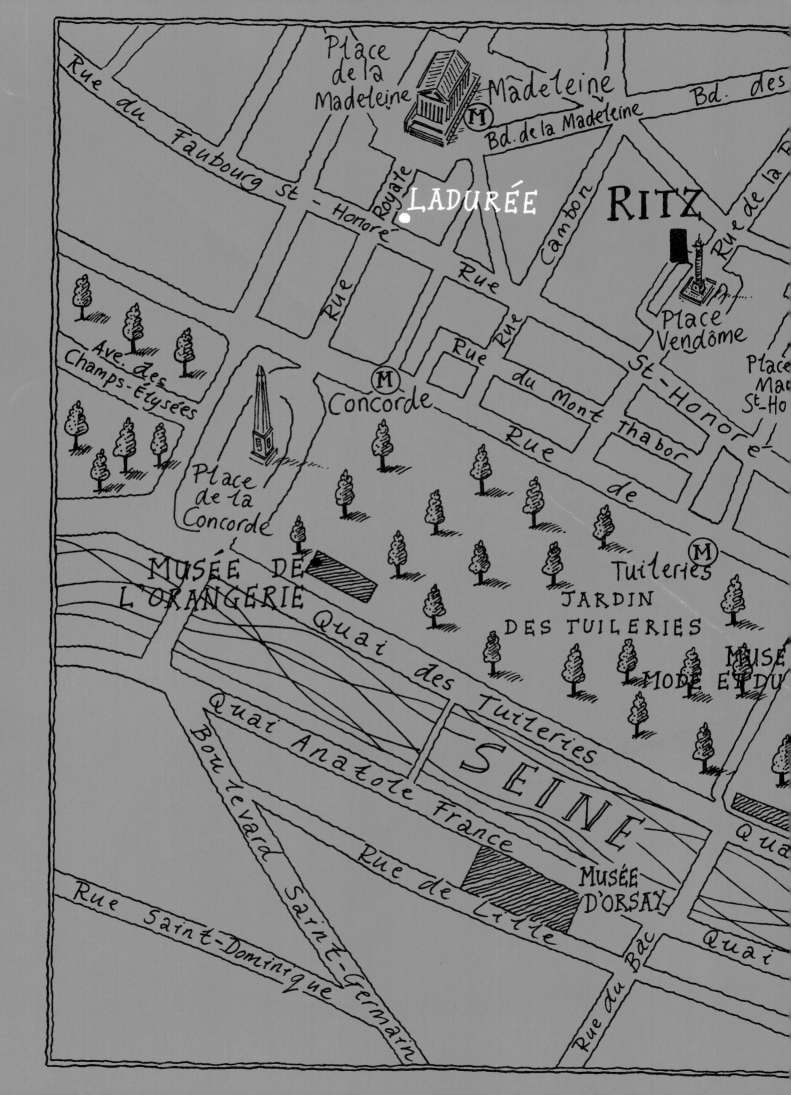

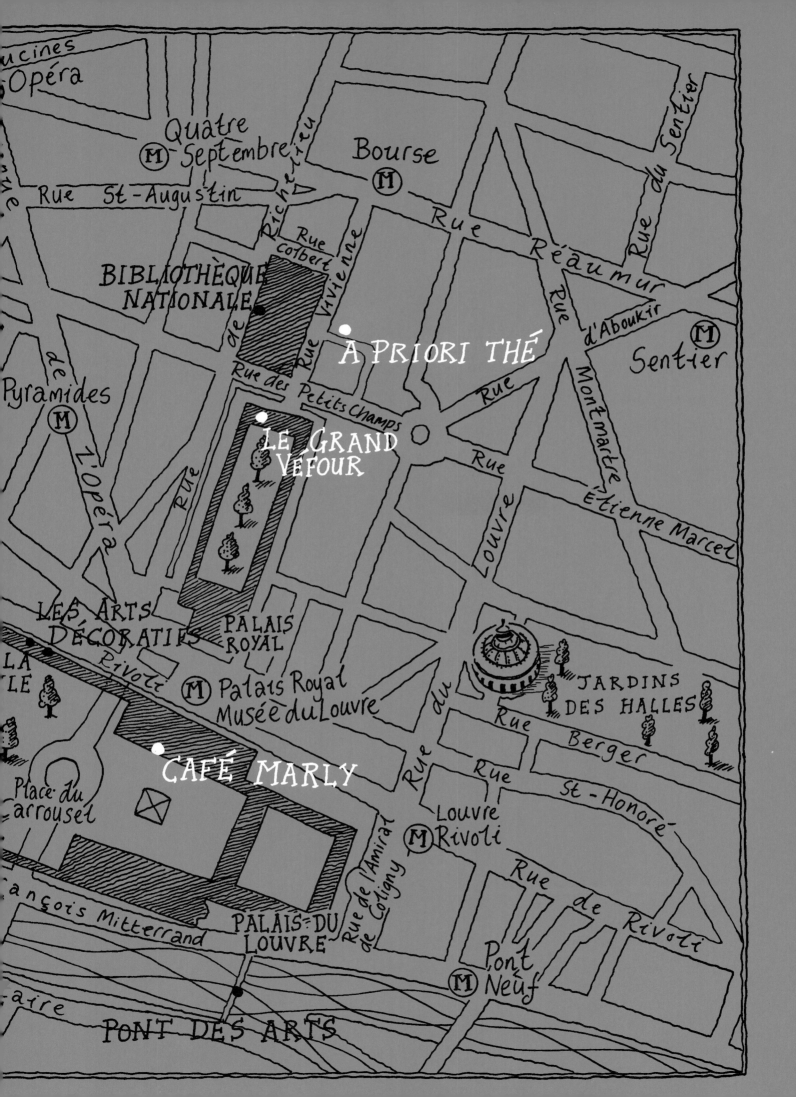

Le Grand Véfour

17, rue de Beaujolais, 75001 Paris
☎ +33 1 42 96 56 27
www.grand-vefour.com
Métro: Palais Royal Musée du Louvre

The restaurant is situated next to the very pretty Palais Royal gardens. Its magnificent rooms with their cardinal-red banquettes, gold-framed mirrors, and details in unadulterated Directoire style are among the most beautiful in the city and are even listed for preservation. Worth a visit not least because of the interior and the location.

Das Restaurant liegt an den wunder-schönen Gärten des Palais Royal. Seine prachtvollen Räume mit kardinalroten Sitzbänken, goldumrahmten Spiegeln und Details im reinen Directoire-Stil gehören zu den schönsten Interieurs der Stadt und stehen sogar unter Denk-malschutz. Schon wegen der Lage und des Interieurs lohnt ein Besuch.

Le restaurant est situé dans les mer-veilleux jardins du Palais Royal. Ses salles somptueuses – banquettes rouge cardinal, miroirs aux cadres dorés et détails du plus pur style Directoire – sont au nombre des plus beaux inté-rieurs de la ville et même classées site protégé. Mais sa cuisine remarquable mérite aussi d'être mentionnée – d'ailleurs le restaurant est membre des Relais & Châteaux, c'est tout dire.

Interior: Original Directoire style, listed for preservation.
Open: Closed on Friday evening, Saturday and Sunday; warm food served from 12:30 pm – 2 pm, 8 pm – 10 pm.
X-Factor: An excellent choice in up-market French cuisine.
Prices: 88 € lunch menu/268 € dinner menu.

Interieur: Original Directoire-Stil, denkmal-geschützt.
Öffnungszeiten: Freitagabend, Sa, So ge-schlossen; Küche geöffnet 12.30 – 14 Uhr, 20 – 22 Uhr.
X-Faktor: Gehobene französische Küche, exzellente Auswahl.
Preise: 88 € Menü (mittags)/268 € Menü (abends).

Décoration intérieure : Style Directoire d'origine, classé monument historique.
Horaires d'ouverture : Fermé le vendredi soir, le samedi et le dimanche; cuisine ouverte 12h30 – 14h, 20h – 22h.
Le « petit plus » : Cuisine française supé-rieure, excellent choix.
Prix : 88 € menu (midi)/268 € menu (soir).

Café Marly

93, rue de Rivoli, 75001 Paris
☎ +33 1 49 26 06 60
Métro: Palais Royal Musée du Louvre

Café Marly belongs to Jean-Louis Costes, was designed by Yves Taralon, Olivier Gagnère and Jacques Garcia, and is a must because of the spectacular location. You can sit on the terrace in winter, too, where the view of the inner courtyard of the Louvre with I. M. Pei's glass pyramid is quite an experience, day or night. Inside the café, try to sit at a table where you can gaze at the sculpture garden in the Louvre.

Das Café Marly gehört Jean-Louis Costes, wurde von Yves Taralon, Olivier Gagnère und Jacques Garcia gestaltet und ist wegen der spektakulären Lage ein Muss. Auf der Terrasse kann man auch im Winter sitzen, der Blick auf den Innenhof des Louvre mit der Glaspyramide von I. M. Pei ist tags wie nachts einfach ein Erlebnis. Im Innenraum sind die Tische empfehlenswert, die den Blick auf den eindrucksvollen Skulpturengarten im Louvre gestatten.

Appartenant à Jean-Louis Costes, le Café Marly a été décoré par Yves Taralon, Olivier Gagnère et Jacques Garcia. Son emplacement spectaculaire explique à lui seul qu'on s'y arrête. Sa terrasse ouverte également en hiver offre une vue sur la cour intérieure du Louvre avec la pyramide de verre de I. M. Pei, qui est saisissante de jour comme de nuit. À l'intérieur du café, les meilleures tables sont celles donnant sur le jardin de sculptures du Louvre.

Open: Daily from 8 am–1:30 am.
X-Factor: The terrace with a view of the Louvre pyramid | Breakfast and light meals.
Prices: 16 € starters/25 € main course.

Öffnungszeiten: Täglich 8–1.30 Uhr.
X-Faktor: Terrasse mit Blick auf die Louvre-Pyramide | Frühstück, leichte Gerichte.
Preise: 16 € Vorspeise/25 € Hauptgericht.

Horaires d'ouverture : Tous les jours 8h–1h30 du matin.
Le « petit plus » : La terrasse avec vue sur la pyramide du Louvre | Petit-déjeuner, plats légers.
Prix : 16 € entrée/25 € plat principal.

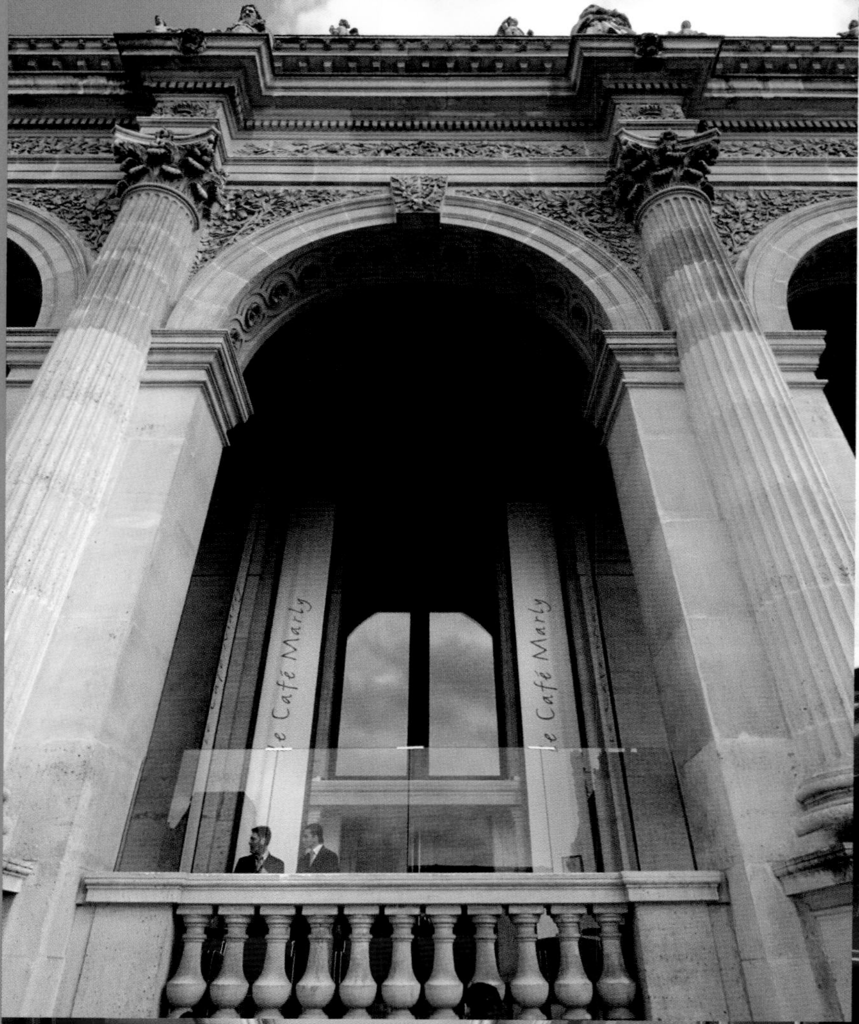

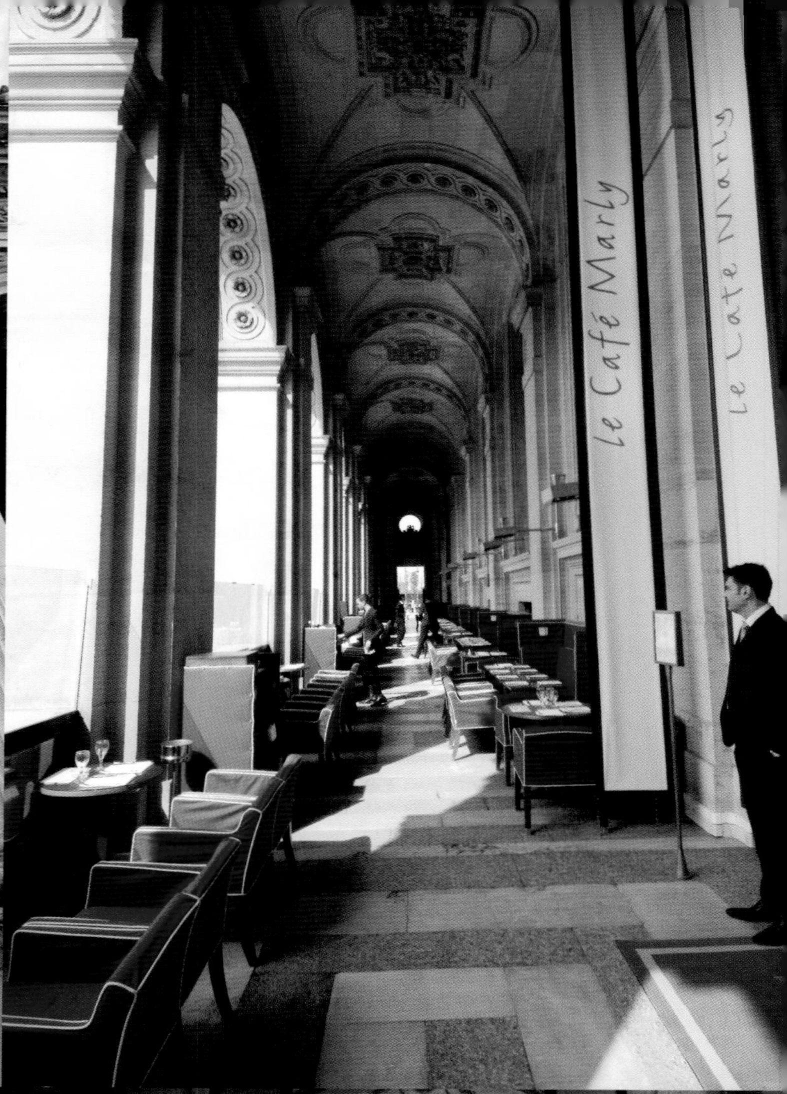

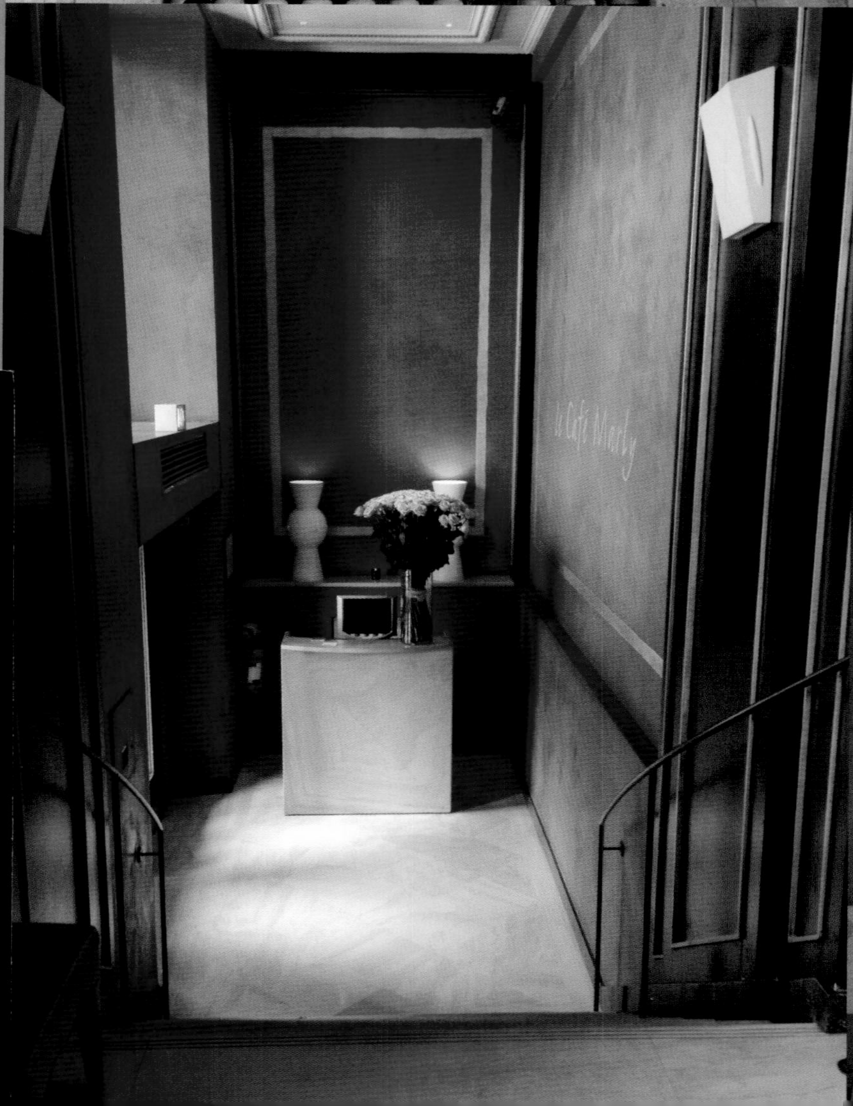

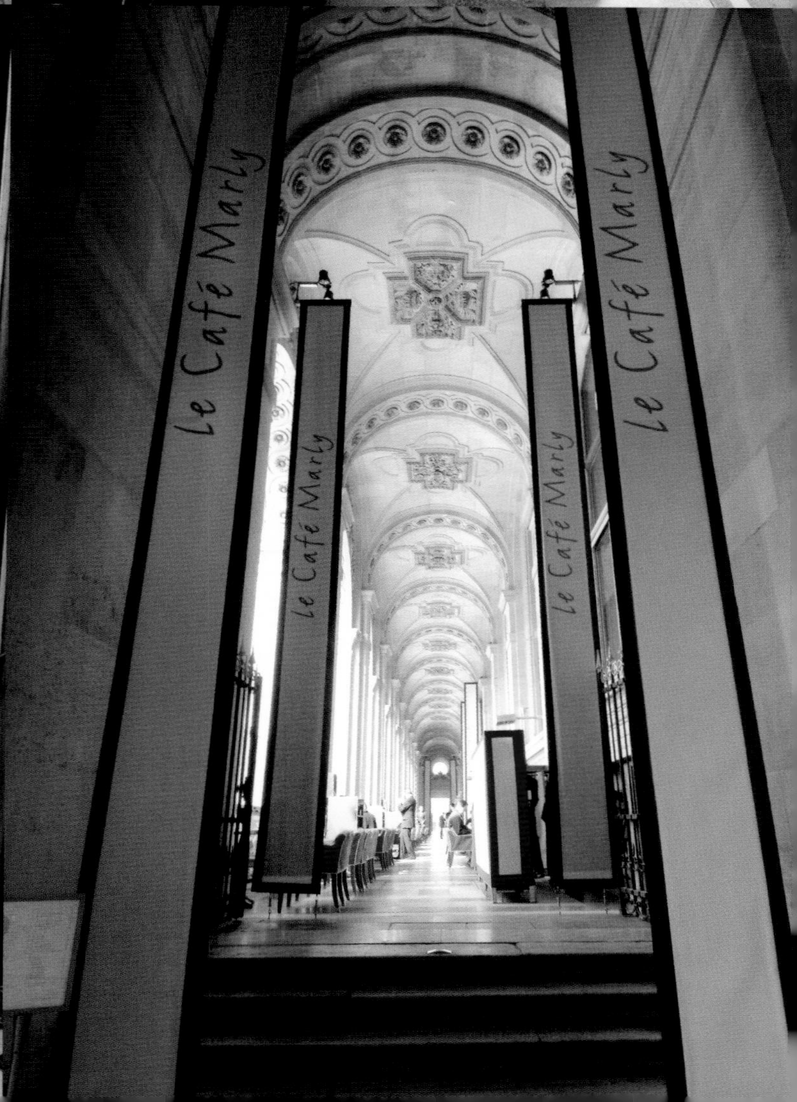

Ladurée

16, rue Royale, 75008 Paris
☎ +33 1 42 60 21 79
www.laduree.fr
Métro: Concorde/Madeleine

This was one of the first tearooms in Paris, a place where a woman could go alone, as opposed to cafés, and the interior has remained unchanged since 1862. The charming room is in unadulterated Empire style, and is worth a visit just to feel how life was in the old days. You may become addicted to the many different-flavoured home-made macaroons, and they are a delightful little present. Eat them freshly baked. After a cup of tea, on with the shopping trip – Gucci is waiting for you on the other side of the street, then Hermès, YSL, not to forget Stéphane Kélian.

Dies war einer der ersten Teesalons in Paris (den man, im Gegensatz zu Cafés, einst als Frau alleine besuchen konnte), und das Interieur ist seit 1862 unverändert. Der zauberhafte Raum in reinstem Empire selbst ist ein Erlebnis und lässt alte Zeiten wieder aufleben. Die selbst gemachten Makronen in zahlreichen Aromen machen süchtig – sie sind zudem ein wunderbares Mitbringsel, man sollte sie nur ganz frisch essen. Nach einer Tasse Tee kann der Einkaufsbummel weitergehen; gleich gegenüber wartet Gucci, gefolgt von Hermès, YSL und Stéphane Kélian.

L'un des premiers salons de thé parisiens (qu'une femme pouvait fréquenter jadis, contrairement aux cafés), son intérieur n'a pas changé depuis 1862. La magnifique salle dans le style Second Empire vaut le coup d'œil et transporte le consommateur dans le passé. Il est difficile de résister aux macarons faits maison. Existant en plusieurs parfums, ils constituent un délicieux cadeau, mais doivent être dégustés le plus tôt possible. Après une tasse de thé, le shopping peut continuer puisque Gucci se trouve en face, suivi d'Hermès, YSL et de Stéphane Kélian.

Open: Mon–Sat 8:30 am–7pm, Sun 10 am–7 pm.
X-Factor: A huge selection of the very best macaroons | Breakfast, lunch.
Prices: From 5 € for pastries/6.50 € for tea/18 € breakfast/34 € à la carte.

Öffnungszeiten: Mo–Sa 8.30–19 Uhr, So 10–19 Uhr.
X-Faktor: Die besten Makronen in großer Auswahl | Frühstück, Mittagessen.
Preise: ab 5 € Patisserie/6,50 € Tee/18 € Frühstück/34 € à la carte.

Horaires d'ouverture : Lun–Sam 8.30h–19h, Dim 10h–19h.
Le « petit plus » : Une belle sélection de délicieux macarons | petit-déjeuner, déjeuner.
Prix : Pâtisseries à partir de 5 €/thé 6,50 €/petit-déjeuner 18 €/34 € à la carte.

À Priori Thé

35–37, Galerie Vivienne, 75002 Paris
(Access from rue de la Banque, or rue des Petits Champs)
☎ +33 1 42 97 48 75
Métro: Bourse

The 19th-century glass-roofed shopping arcade is worth a visit for the architecture alone, and it is even better if you can squeeze in a visit to the tearoom with its colonial atmosphere. An exquisite afternoon tea, with a scone that melts on your tongue, or a piece of delicious chocolate cake or lemon cake – what a perfect afternoon.

Die mit Glas überdachten Einkaufspassagen aus dem 19. Jahrhundert sind schon dank ihrer Architektur ein lohnendes Ziel – und noch schöner, wenn man den Besuch mit einer Stippvisite im kolonial anmutenden Teesalon verbindet. Ein exquisiter Afternoon-Tea, dazu ein Scone, der auf der Zunge zergeht, oder ein Stück köstlicher Schokoladen- und Zitronenkuchen – und der Nachmittag ist perfekt.

Si les galeries marchandes aux toits de verre du 19e siècle valent le détour rien que pour leur architecture, une petite visite au salon de thé d'ambiance coloniale est la cerise sur le gâteau. Un thé de cinq heures exquis accompagné d'un scone qui fond sur la langue ou d'une part de délicieux gâteau au citron ou au chocolat, et l'après-midi nous sourit.

Open: Mon–Wed, Fri 9 am–6 pm, Thur 9 am–7 pm, Sat 9 am–6:30 pm, Sun midday–6:30 pm | Reservation recommended for lunch.
X-Factor: Double-chocolate brownies, lemon cheesecake, scones.
Prices: 7 € cakes/22 € à la carte/5.50 € a pot of tea.

Öffnungszeiten: Mo–Mi, Fr 9–18 Uhr, Do 9–19 Uhr, Sa 9–18.30 Uhr, So 12–18.30 Uhr | Mittags Reservierung empfohlen.
X-Faktor: Brownies mit zwei Schokoladensorten, Zitronen-Cheesecake, Scones.
Preise: 7 € Patisserie/22 € à la carte/ 5,50 € Teekanne.

Horaires d'ouverture : Lun–Mer, Ven 9h–18h, Jeu 9h–19h, Sam 9h–18h30, Dim 12h–18h30 | Réserver de préférence pour le déjeuner.
Le « petit plus » : Brownies au deux chocolats, cheesecake au citron, scones.
Prix : 7 € pâtisserie/22 € à la carte/5,50 € théière.

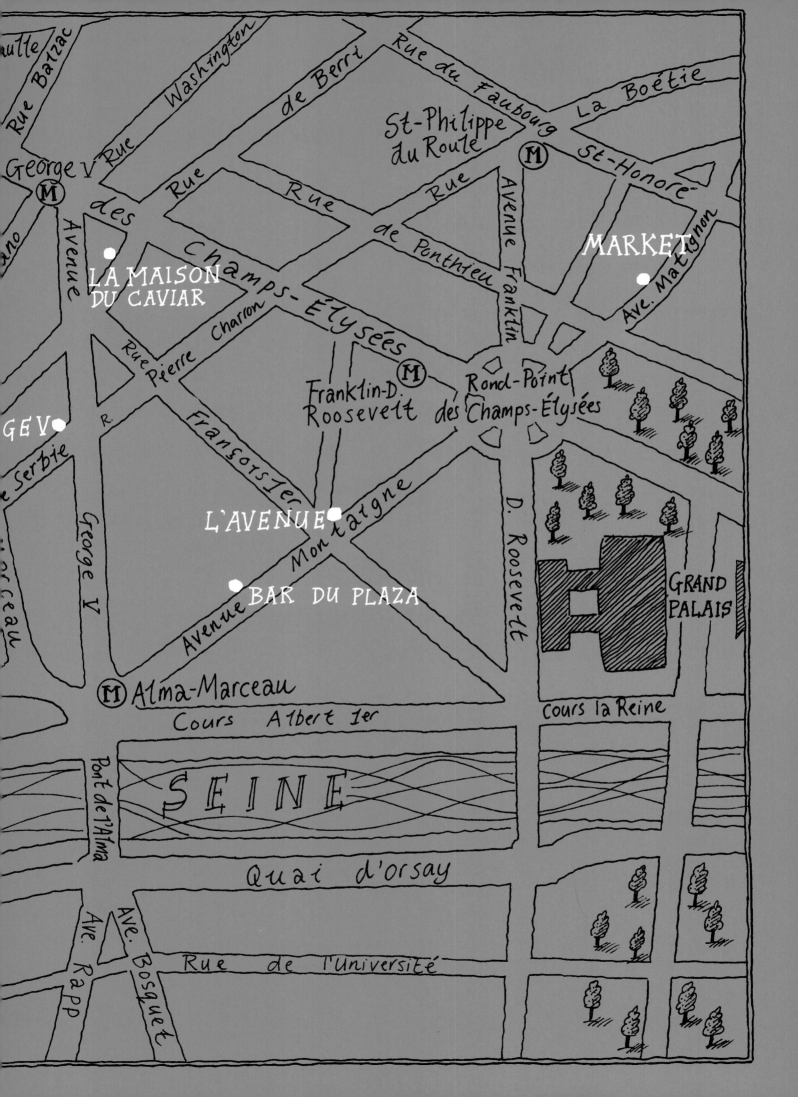

Market

15, Avenue Matignon, 75008 Paris
☎ +33 1 56 43 40 90
www.jean-georges.com
Métro: Franklin-D. Roosevelt

Elegant and absolutely en vogue. Market belongs to Jean-Georges Vongerichten, who runs a dozen or more fashionable venues throughout the world, including Vong in New York. Christian Liaigre has designed the room very stylishly, and the cuisine served here is very distinctive. The proprietor's own tip is the poisson cru (raw fish), for example, sea bream in olive oil.

Elegant und absolut „en vogue". Das Market gehört Jean-Georges Vongerichten, der noch ein gutes Dutzend weiterer Restaurants in aller Welt betreibt, darunter das Vong in New York. Hier in Paris hat Christian Liaigre den Raum sehr chic ausgestattet, dazu wird eine aromatische Küche serviert. Tipp des Besitzers ist der „poisson cru", der rohe Fisch, zum Beispiel Dorade mit Olivenöl.

Élegant et absolument « en vogue », le Market appartient à Jean-Georges Vongerichten, qui possède également une bonne douzaine d'établissements dans le monde entier, dont le Vong à New York. Ici à Paris, c'est Christian Liaigre qui s'est chargé de la décoration. Très chic, le Market sert une cuisine aromatique. Le propriétaire nous recommande son poisson cru, une dorade par exemple, avec un filet d'huile d'olive.

Open: Lunch-time: daily midday−3 pm, evenings: Sun−Tues 7:30 pm−11:30 pm, Wed−Sat 7:30 pm−0:30 am.
X-Factor: Pizza with black truffles and Fontina.
Prices: 27 € à la carte.

Öffnungszeiten: Mittags: 12−15 Uhr; abends: So−Di 19.30−23.30 Uhr, Mi−Sa 19.30−0.30 Uhr.
X-Faktor: Pizza mit schwarzen Trüffeln und Fontina.
Preise: 27 € à la carte.

Horaires d'ouverture : Le midi : tout les jours 12h−15h ; le soir : Dim−Mar 19h30−23h30, Mer−Sam 19h30−0h30.
Le « petit plus » : La pizza truffe noire et fontina.
Prix : 27 € à la carte.

182

Bar du George V

Four Seasons Hôtel George V
31, Avenue George V, 75008 Paris
☏ +33 1 49 52 70 06
www.fourseasons.com
Métro: George V

If you need a change from Andrée Putman's design or the cool people in the Pershing Lounge or in L'Avenue, then it is time to move on to the cosy, traditional bar in the George V. It is only a few hundred metres to walk, and offers discreet professional service and excellent drinks and snacks.

Wenn man das Design von Andrée Putman und die coolen Leute in der Pershing Lounge oder im L'Avenue nicht mehr sehen kann, sollte man in die gemütliche, traditionelle Bar des George V wechseln. Sie ist nur ein paar Hundert Meter entfernt, bietet einen diskreten professionellen Service, exzellente Drinks und Snacks.

Si on ne peut plus supporter le design d'Andrée Putman ni les clients très cools du Pershing Lounge ou de l'Avenue, il faut alors se rendre au bar confortable et traditionnel du George V. Situé à quelques centaines de mètres de là, il propose un service professionnel et discret, des boissons excellentes ainsi que des snacks.

Open: Sun–Thu 10 am–1:30 am, Fri/Sat 10 am–2:30 am; warm food served 10 am–6 pm.
X-Factor: Excellent sandwiches, good choice of small dishes and whiskies.
Prices: 29–67 € sandwiches/46 € main course/98 € à la carte.

Öffnungszeiten: So–Do 10–1.30 Uhr, Fr/Sa 10–2.30 Uhr; Küche 10–18 Uhr.
X-Faktor: Hervorragende Sandwiches, gute Auswahl an kleinen Gerichten und Whisky.
Preise: 29–67 € Sandwich/46 € Hauptgericht/98 € à la carte.

Horaires d'ouverture : Dim–Jeu 10h–1h30 du matin, Ven/Sam 10h–2h30 du matin ; cuisine 10h–18h.
Le « petit plus » : Délicieux sandwichs, bon choix de plats simples et légers et de whiskys.
Prix : 29–67 € sandwich/46 € plat principal/98 € à la carte.

L'Avenue

41, Avenue Montaigne, 75008 Paris
☎ +33 1 40 70 14 91
Métro: Franklin-D. Roosevelt/Alma-Marceau

It is not only for the light and healthy cuisine that people come here, but also because of its slim and beautiful, calorie-conscious followers. It is always the young, well-dressed people who sit in L'Avenue, as well as stars of the cinema and television who have arranged to meet journalists here for an interview. The interior, designed by Jacques Garcia, is just as trendy in violet velvet and gold. Stop by for a drink in the bar on the second floor before or after your meal.

Hier geht man nicht nur wegen der leichten und gesunden Küche hin, sondern auch wegen ihrer schön-schlanken und kalorienbewussten Anhänger. Im L'Avenue sitzen immer junge, gut gekleidete Menschen sowie Stars aus Film und Fernsehen, die sich hier mit Journalisten zum Interview verabredet haben. Das Interieur von Jacques Garcia gibt sich ebenso trendig in lila Samt und Gold. Vor oder nach dem Essen kann man noch auf einen Drink in der Bar im zweiten Stock vorbeischauen.

On se rend ici non seulement à cause de la cuisine légère et saine, mais aussi pour les habitués minces et soucieux de leur ligne. Les clients de L'Avenue sont toujours de jeunes gens bien habillés ou des vedettes du cinéma et de la télévision. La décoration intérieure de Jacques Garcia est elle aussi « trendy » avec ses dorures et son velours lilas. Avant et après le repas, on peut monter au deuxième étage pour boire un verre au bar.

Open: Daily 8 am–2 am.
X-Factor: Light and healthy cuisine.
Prices: 12–34 € starters/18–46 € main course.

Öffnungszeiten: Täglich 8–2 Uhr.
X-Faktor: Leichte und gesunde Küche.
Preise: 12–34 € Vorspeise/18–46 € Hauptgericht.

Horaires d'ouverture : Tous les jours 8h–2h du matin.
Le « petit plus » : Cuisine légère et saine.
Prix : 12–34 € entrée/18–46 € plat principal.

Bar du Plaza Athénée

Hôtel Plaza Athénée Paris
25, Avenue Montaigne, 75008 Paris
☎ +33 1 53 67 66 65
www.plaza-athenee-paris.com
Métro: Alma-Marceau

The celebrated "English Bar" of the Plaza Athénée no longer exists, unfortunately. Now a pseudo-Starck look prevails: the bar, designed by Patrick Jouin, is hewn out of glass and begins to glow when you touch it. However, the cocktail list is excellent. This makes the bar a good alternative, should you want to chill out somewhere other than in the George V or Pershing Lounge. Or should you be curious about the restaurant run by Alain Ducasse, or about the magnificent lobby of this legendary hotel.

Die berühmte „English Bar" des Plaza Athénée gibt es leider nicht mehr. Jetzt herrscht hier ein Pseudo-Starck-Look – die Bar von Designer Patrick Jouin ist aus Glas gehauen und beginnt zu leuchten, wenn man sie berührt. Die Cocktail-Karte allerdings ist exzellent. Damit sei die Bar zur Abwechslung empfohlen, falls man mal nicht nur im George V oder in der Pershing Lounge chillen möchte. Oder einfach nur neugierig auf das Restaurant von Alain Ducasse oder die prachtvolle Lobby dieser Hotellegende ist.

Malheureusement le célèbre bar anglais de l'Hôtel Plaza Athénée n'existe plus. Il y règne maintenant un look à la Philippe Starck. Le bar a été conçu par le designer Patrick Jouin. Entièrement en verre, il s'allume quand on le touche. La carte des cocktails est quant à elle excellente. Ce bar est donc à recommander si on ne désire pas uniquement fréquenter le George V ou le Pershing Lounge. Ou encore si on est simplement curieux de découvrir le restaurant d'Alain Ducasse ou le hall somptueux de cet hôtel de légende.

Open: Daily 6 pm–2 am.
X-Factor: The glass bar, which lights up when touched | Excellent cocktail list.
Prices: 24 € cocktails/20 € wine (glass)/ 25 € champagne (glass).

Öffnungszeiten: Täglich 18–2 Uhr.
X-Faktor: Gläserne Bar, die bei Berührung aufleuchtet | Exzellente Cocktail-Karte.
Preise: 24 € Cocktails/20 € Wein (Glas)/ 25 € Champagner (Glas).

Horaires d'ouverture : Tous les jours 18h– 2h du matin.
Le « petit plus » : Comptoir en verre, qui s'illumine au toucher | Excellente carte de cocktails.
Prix : 24 € cocktails/20 € vin (verre)/ 25 € champagne (coupe).

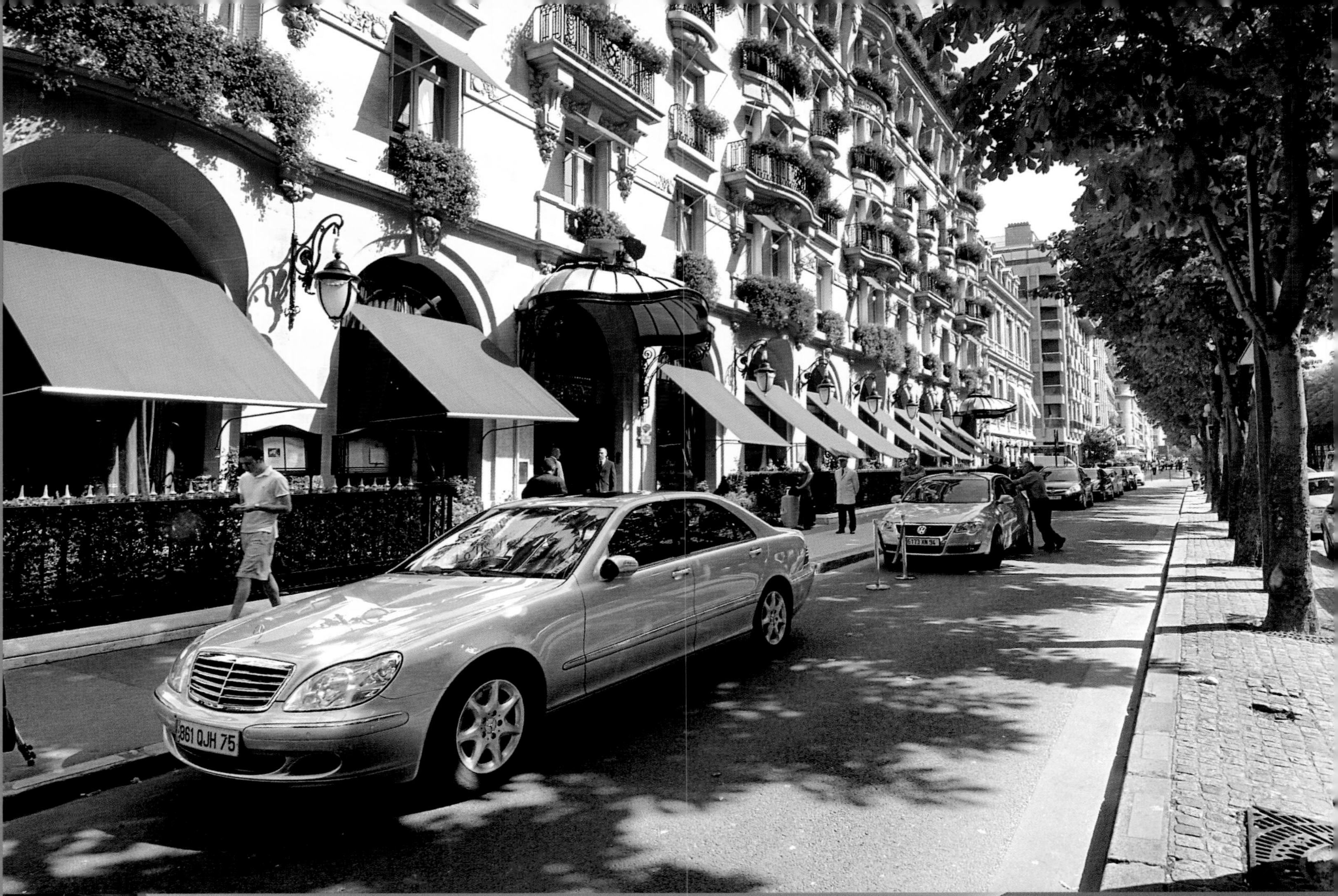
861 QJH 75

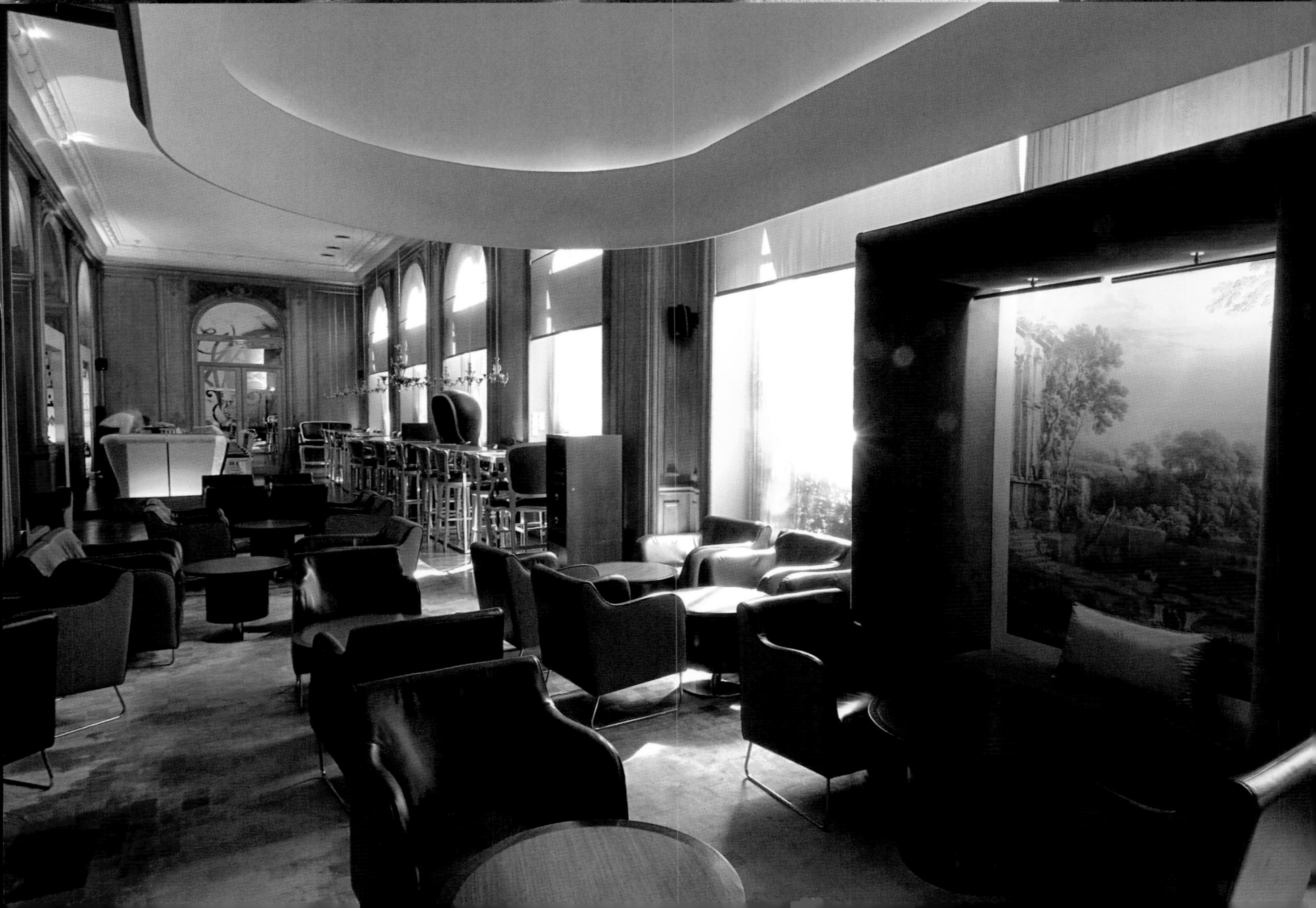

La Maison du Caviar

21, rue Quentin Bauchart, 75008 Paris
☎ +33 1 47 23 53 43
www.caviar-volga.com
Métro: George V

La Maison du Caviar is a classic institution in Paris, a very comfortable restaurant in the Russian tradition. Here you sit at small tables or at the long bar and treat yourself to the finest caviar. Should this be too expensive for you, ask for the delicious smoked wild salmon or crab, or order the classic Bœuf Stroganoff.

La Maison du Caviar ist eine klassische Institution in Paris, ein Restaurant in russischer Tradition und sehr gemütlich. Hier sitzt man an kleinen Tischen oder an der langen Bar und gönnt sich feinsten Kaviar. Wem der zu teuer ist, kann köstlichen geräucherten Wildlachs oder Krebse bestellen – oder ordert den Klassiker Bœuf Stroganoff.

Devenue une véritable institution à Paris, La Maison du Caviar est un restaurant de tradition russe très agréable. On y est assis à des petites tables ou au grand comptoir et l'on y déguste un excellent caviar. Mais on peut aussi, et pour moins cher, commander un délicieux saumon fumé, des crevettes ou le classique bœuf Stroganoff.

Open: Daily midday–1am.
X-Factor: A good selection of caviar and Russian dishes, smoked salmon.
Prices: 160 € meal of the day with caviar/ 80 € meal of the day without caviar.

Öffnungszeiten: Täglich 12–1 Uhr.
X-Faktor: Große Auswahl an Kaviar und russischen Gerichten, geräucherter Lachs.
Preise: 160 € Tagesgericht mit Kaviar/ 80 € Tagesgericht ohne Kaviar.

Horaires d'ouverture : Tous les jours 12h–1h.
Le « petit plus » : Grand choix de caviar et de plats russes, saumon fumé.
Prix : 160 € plat du jour avec caviar/ 80 € plat du jour sans caviar.

La Cristal Room Baccarat

Maison Baccarat
11, Place des États-Unis, 75116 Paris
☎ +33 1 40 22 11 10
www.baccarat.fr
Métro: Boissière/Kléber

The best place to celebrate the newly acquired Baccarat items with a glass of wine – the wine list here is rather good. The restaurant has also been designed by Philippe Starck – très chic and with an ambience touching on Baroque. The dishes, mainly French, are fantastic, but expensive.

Der beste Platz, um die neu erstandenen Baccarat-Stücke bei einem Glas Wein zu feiern (die Weinkarte kann sich sehen lassen). Auch das Restaurant ist von Philippe Starck im barock inspirierten Ambiente und „très chic" gestaltet worden. Die überwiegend schlichten französischen Gerichte sind grandios, aber teuer.

Le meilleur endroit pour fêter ses nouvelles acquisitions de Baccarat en dégustant un bon vin (la carte des vins peut d'ailleurs rivaliser avec les plus grandes). D'inspiration baroque, le restaurant a été lui aussi aménagé par Philippe Starck et se distingue par son élégance. La cuisine surtout française que l'on y sert est raffinée, mais onéreuse.

Open: Closed on Sunday; food served 12:15 pm–2:15 pm, 7:30 pm–10:15 pm | Reservation essential.
X-Factor: Spectacular crystal decoration; imaginative dishes, such as Maine lobster coulibiac, excellent wines.
Prices: 100–120 € à la carte/150–200 € set menu.

Öffnungszeiten: So geschlossen; Küche 12.15–14.15 Uhr, 19.30–22.15 Uhr | Reservierung erforderlich.
X-Faktor: Spektakuläre Kristalldekoration. Fantasievolle Gerichte, wie amerikanischer Hummer in Pastete, exzellente Weine.
Preise: 100–120 € à la carte/150–200 € Menü.

Horaires d'ouverture : Fermé le dimanche; restaurant 12h15–14h15, 19h30–22h15 | Sur réservation.
Le « petit plus » : Décoration en cristal spectaculaire. Plats originaux, comme Homard du Maine avec la chair en koulibiac, excellents vins.
Prix : 100–120 € à la carte/150–200 € menu.

Café de l'Homme

17, Place du Trocadéro, 75016 Paris
☎ +33 1 44 05 30 15
www.cafedelhomme.com
Métro: Trocadéro

This café with its amazingly high ceilings is on the ground floor of Musée de l'Homme and Musée de la Marine in the Palais de Chaillot – the place to enjoy lunch or a cup of coffee after touring the museum and have a breathtaking view of the Eiffel Tower from the terrace.

Dieses Café mit fantastisch hohen Räumen liegt im Erdgeschoss des Musée de l'Homme und Musée de la Marine im Palais de Chaillot – nach dem Ausstellungsbesuch genießt man hier einen Kaffee oder das Mittagessen. Von der Terrasse aus hat man einen atemberaubenden Blick auf den Eiffelturm.

Ce café dont les salles sont fantastiquement hautes est situé au rez-de-chaussée du Musée de l'Homme et du Musée de la Marine au Palais de Chaillot. Après la visite vous pourrez déguster ici votre café ou le déjeuner sur la terrasse tout en admirant la vue imprenable sur la tour Eiffel.

Open: Daily midday–2 am.
X-Factor: The terrace with its spectacular view of the Eiffel Tower.
Prices: 60 € menu.

Öffnungszeiten: Täglich 12–2 Uhr.
X-Faktor: Terrasse mit atemberaubendem Blick auf den Eiffelturm.
Preise: 60 € Menü.

Horaires d'ouverture : Tous les jours 12h–2h du matin.
Le « petit plus » : La terrasse avec sa vue à couper le souffle sur la tour Eiffel.
Prix : 60 € menu.

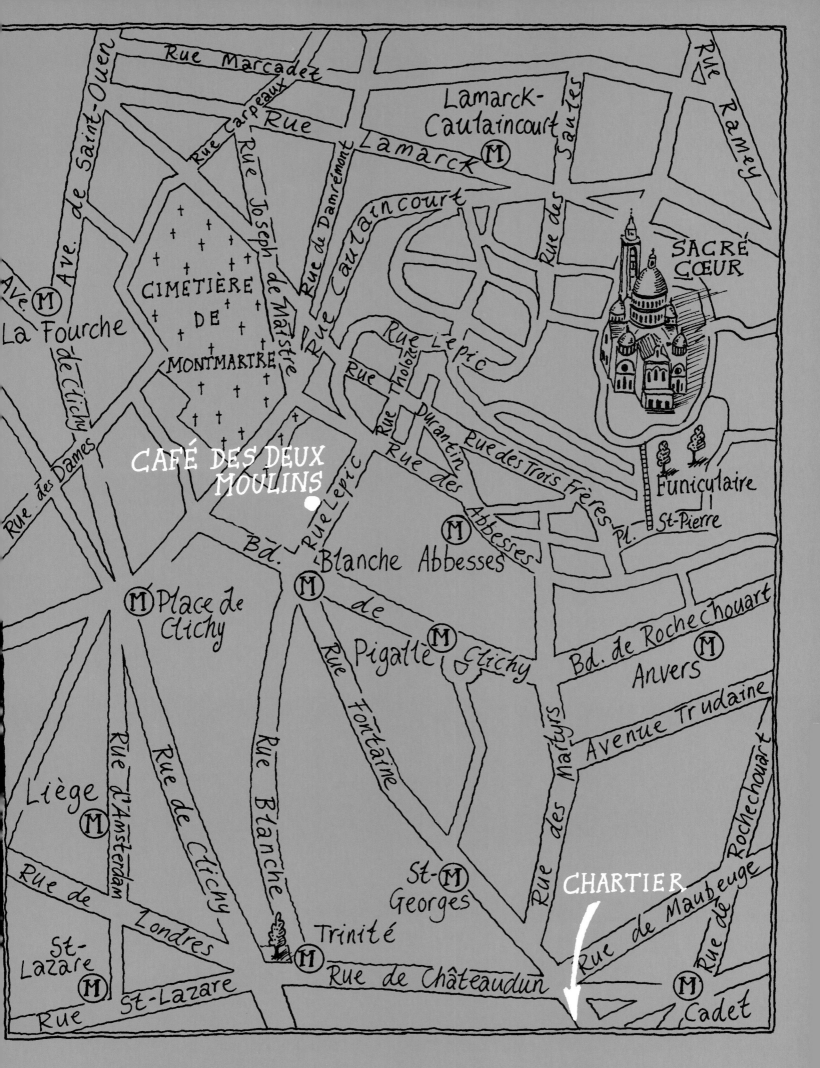

Rue Marcadet

Rue Carpeaux

Rue

Lamarck-
Caulaincourt

M

Lamarck

Rue Ramey

Ave. de Saint-Ouen

Rue Joseph de Maistre

Rue de Danrémont

Rue Caulaincourt

Rue des Santes

SACRÉ
CŒUR

Ave. M
La Fourche

Ave. de Clichy

CIMETIÈRE
DE
MONTMARTRE

Rue Tholozé

Rue Lepic

Rue Durantin

Rue des Trois Frères

Funiculaire

Pl. St-Pierre

Rue des Dames

CAFÉ DES DEUX
MOULINS

Rue Lepic

Rue des Abbesses

M

Bd.

Blanche Abbesses

de

M

Clichy

Bd. de Rochechouart

Anvers

M

Place de
Clichy

M

Rue Fontaine

Rue Pigalle

M

Rue des Martyrs

Avenue Trudaine

Rue de Rochechouart

Liège

M

Rue d'Amsterdam

Rue de Clichy

Rue Blanche

St-
Georges

M

CHARTIER

Rue de Maubeuge

St-
Lazare

M

Rue de Londres

Trinité

M

Rue de Châteaudun

Rue

St-Lazare

Rue

M

Cadet

Chartier

7, rue du Faubourg Montmartre, 75009 Paris
☎ +33 1 47 70 86 29
www.gerard-joulie.com
Métro: Grands Boulevards

Opened in 1896, this unpretentious fin-de-siècle restaurant has at last been officially made into a historical monument. Here you are served good, plain, French fare in an authentic and lively environment. This includes not only eggs with mayonnaise, bœuf bourguignon and pot-au-feu, as well as the heartier sort of food, like tongue, brain of lamb and boiled head of calf as well as light dishes. As the prices are comparatively low, you usually have to queue to get a table – but the wait is worth it.

1896 eröffnet, ist dieses unprätentiöse Fin-de-Siècle-Restaurant nun offiziell ein historisches Denkmal. Hier bekommt man in authentischer und lebendiger Atmosphäre gute französische Hausmannskost. Neben Mayonnaise-Eiern, Bœuf bourguignon und Pot-au-feu gibt es Deftiges mit Zunge, Lammhirn und gekochtem Kalbskopf, aber auch leichte Gerichte. Da die Preise relativ niedrig sind, muss man meist Schlange stehen, um einen Tisch zu bekommen, doch das Warten lohnt.

Ouvert en 1896, ce restaurant fin de siècle sans prétentiou possède une salle classée aux monuments historiques. On peut y déguster des plats typiquement français dans une atmosphère vivante et authentique. À côté des œufs durs mayonnaise, du bœuf bourguignon et du pot-au-feu, on peut aussi commander de la langue de veau, de la cervelle d'agneau et de la tête de veau bouillie. Les prix étant relativement modestes, il faut souvent attendre pour avoir une table, mais cela en vaut la peine.

History: Opened 1896 | Historical building with the original decor of the 1890s.
Open: Daily 11:30 am–10 pm.
X-Factor: Plain French home cooking | Speciality: Pot-au-feu.
Prices: 3.50 € starters/10 € main course/3.50 € dessert.

Geschichte: 1896 eröffnet | Historisches Gebäude mit Dekor aus den 1890ern.
Öffnungszeiten: Täglich 11.30–22 Uhr.
X-Faktor: Französische Hausmannskost | Spezialität: Pot-au-feu.
Preise: 3,50 € Vorspeise/10 € Hauptgericht/3,50 € Dessert.

Histoire : Ouvert en 1896 | Bâtiment historique avec décor des années 1890.
Horaires d'ouverture : Tous les jours 11h30–22h.
Le « petit plus » : Cuisine française traditionnelle | Spécialité : pot-au-feu.
Prix : 3,50 € entrée/10 € plat principal/3,50 € dessert.

Café des Deux Moulins

15, rue Lepic, 75018 Paris
☎ +33 1 42 54 90 50
Métro: Blanche

This café shot to fame through the wonderful, low-budget, French film "Amélie", with Audrey Tatou (2001), which was nominated for five Oscars. The walls are now adorned with photos of the actress, but otherwise the atmosphere of the 1950s remains the same, as does the menu. There you can find the traditional classics like steak, frisée lettuce with fried diced bacon and goat's cheese or Camembert with a glass of Côtes du Rhône.

Berühmt wurde dieses Café durch den wunderbaren französischen Low-Budget-Film „Die wunderbare Welt der Amélie" mit Audrey Tatou (2001), der für fünf Oscars nominiert wurde. Die Wände zieren jetzt Fotos der Schauspielerin – ansonsten ist die Atmosphäre der 1950er aber erhalten geblieben; ebenso die Speisekarte. Auf der stehen Klassiker wie Steaks, Friséesalat mit gebratenem Speck und Ziegenkäse oder Camembert mit einem Glas Côtes du Rhône.

Ce café doit sa célébrité au film à petit budget « Le Fabuleux Destin d'Amélie Poulain » avec Audrey Tatou (2001), un film cinq fois nominé aux Oscars. Hormis les photos de l'actrice qui décorent les murs, le café a gardé son atmosphère des années 1950, tout comme la carte d'ailleurs qui propose des plats classiques comme le beef-steak, la salade frisée aux petits lardons, le fromage de chèvre ou le camembert. Le tout accompagné d'un verre de côtes-du-Rhône.

Open: Mon–Fri 7:30 am–2 am, Sat/Sun 8 am–2 am; warm food served from 11:30 am–11 pm.
X-Factor: Location for the film "Amélie" (2001) | Specialities: entrecôte, crème brûlée.
Prices: 11 € main course/6 € starters/5 € dessert | Credit cards: Visa only.

Öffnungszeiten: Mo–Fr 7.30–2 Uhr, Sa/So 8–2 Uhr; Küche geöffnet 11.30–23 Uhr.
X-Faktor: Drehort des Films „Die wunderbare Welt der Amélie" (2001) | Spezialitäten: Entrecôte, Crème brûlée.
Preise: 11 € Hauptgericht/6 € Vorspeise/5 € Dessert | Kreditkarten: nur Visa.

Horaires d'ouverture : Lun-Ven 7h30–2h, Sam/Dim 8h–2h ; cuisine ouverte 11h30–23h.
Le « petit plus » : Lieu de tournage du film « Le Fabuleux Destin d'Amélie Poulain » (2001) | Spécialités : entrecôte, crème brûlée.
Prix : 11 € plat principal/ 6 € entrée/5 € dessert | Cartes de crédit : Uniquement Visa.

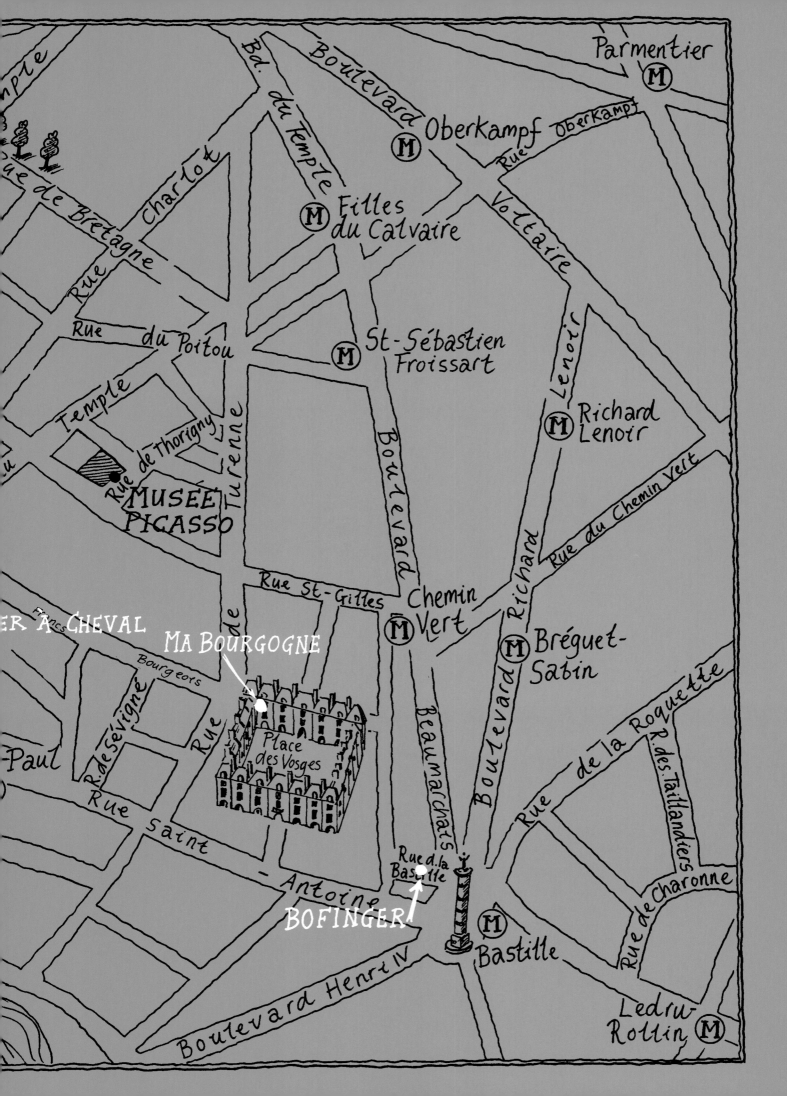

Parmentier

Ⓜ

Boulevard Oberkampf

Ⓜ Oberkampf

Rue Oberkampf

Bd. du Temple

Charlot

Rue de Bretagne

Ⓜ Filles du Calvaire

Voltaire

Rue du Poitou

Temple

Rue de Thorigny

Rue de Turenne

Ⓜ St-Sébastien Froissart

Boulevard

Lenoir

Ⓜ Richard Lenoir

Rue du Chemin Vert

■MUSÉE PICASSO

Rue St-Gilles

Chemin Ⓜ Vert

Richard

ER À CHEVAL

Francs

Bourgeois

MA BOURGOGNE

R. de Sévigné

Rue

Beaumarchais

Boulevard

Ⓜ Bréguet-Sabin

Rue de la Roquette

Paul

Rue saint

Place des Vosges

R. des Taillandiers

Antoine

Rue d. la Bastille

BOFINGER

Rue de Charonne

Ⓜ Bastille

Boulevard Henri IV

Ledru-Rollin Ⓜ

Ma Bourgogne

19, Place des Vosges, 75004 Paris
☎ +33 1 42 78 44 64
Métro: Bastille/Chemin Vert

A popular restaurant with guests, who come back again and again – not just for the food but above all because of its location. One can sit under the arcades until late into the autumn (thanks to heat lamps) and enjoy the view across the wonderful Place des Vosges. Frisée lettuce salad with fried diced bacon and boiled leeks with vinaigrette are recommended. Locals love the typical French tartare, which is always freshly prepared.

Ein beliebtes Restaurant, zu dem man immer wieder zurückkehrt – wegen der Karte und vor allem auch wegen der Lage: Bis in den Spätherbst hinein (Wärmestrahlern sei Dank) sitzen die Gäste unter den Arkaden mit Blick auf die wunderschöne Place des Vosges. Empfehlenswert sind der Friséesalat mit gebratenem Speck und der gekochte Lauch mit Vinaigrette. Einheimische lieben auch den typisch französischen Tatar, der ganz frisch zubereitet wird.

Un restaurant apprécié à cause de son menu mais surtout à cause de son emplacement privilégié. Jusqu'à la fin de l'automne (la terrasse est chauffée), les clients peuvent en effet rester assis sous les arcades et admirer la superbe Place des Vosges. On recommande la salade de chicorée frisée aux lardons et le poireau vinaigrette, sans oublier le steak tartare typiquement français.

Open: Mon–Sun 8 am–1 am; warm food served midday–1 am.
X-Factor: View of Place des Vosges | Speciality: beef tartare.
Prices: 40–55 € à la carte/35 € set menu | No credit cards.

Öffnungszeiten: Mo–So 8–1 Uhr; Küche geöffnet 12–1 Uhr.
X-Faktor: Blick auf die Place des Vosges | Spezialität: Rindfleisch-Tatar.
Preise: 40–55 € à la carte/35 € Menü | Keine Kreditkarten.

Horaires d'ouverture : Lun–Dim 8h–1h du matin ; cuisine ouverte 12h–1h.
Le « petit plus » : Vue sur la place des Vosges | Spécialité : tartare de bœuf.
Prix : 40–55 € à la carte/35 € menu | Cartes de crédit non acceptées.

Bourgogne

Dégustez nos Vins
de Propriété

Côte de Brouilly
Fleurie
Chiroubles
Moulin à Vent
Côte de Beaune
Santenay
Givry
Pouilly Fumé
Régnié
Chénas
Bordeaux

MA BOURGOGNE

Suggestions du jour

Foie gras poêlé au raisins 24.00
Salade gourmande 23.00
Poêlée de cèpes 20.00

Côte de bœuf 2 pers
Entrecôte grillée 22.00
Tripes au Cidre et Calvados
Poulet Fermier rôti

Bofinger

5–7, rue de la Bastille, 75004 Paris
☎ +33 1 42 72 87 82
www.bofingerparis.com
Métro: Bastille

In 1864 Bofinger, which was already selling its legendary sausages, started serving the first draft beer in Paris. Today the restaurant, a haunt of international and French film stars, is worth a visit for its wonderful original Art Nouveau interior and its excellent seafood. Unlike La Coupole, Bofinger is not a member of the Flo-Brasseries chain.

Bofinger ist die älteste Brasserie von Paris – 1864 bekam man hier eine legendäre Charcuterie und das erste frisch gezapfte Bier der Stadt. Heute sollte man das Restaurant wegen des wunderschönen originalen Jugendstil-Interieurs besuchen und sich hier die ausgezeichneten Meeresfrüchte bestellen, wie es auch französische und internationale Filmstars tun. Bofinger gehört im Gegensatz zum La Coupole u. a. noch nicht zur Kette der Flo-Brasseries.

Bofinger est la plus ancienne Brasserie alsacienne de Paris – en 1864 on pouvait y déguster une charcuterie légendaire et on y tirait la première bière pression de la capitale. Le restaurant vaut encore le détour pour son superbe décor Belle Époque d'origine. Les stars du cinéma français et international apprécient ses excellents plateaux de fruits de mer. Contrairement à La Coupole, Bofinger ne fait pas encore partie du groupe Flo.

History: Oldest brasserie in Paris, opened in 1864.
Interior: Spectacular Art Nouveau glass dome. **Open:** Mon–Fri midday–3 pm, 6 pm–0:30 am, Sat/Sun midday–0:30 am.
X-Factor: Excellent seafood.
Prices: 31.50 € menu/60 € à la carte.

Geschichte: Die älteste Brasserie in Paris, 1864 eröffnet.
Interieur: Spektakuläre Art-nouveau-Glaskuppel.
Öffnungszeiten: Mo–Fr 12–15 Uhr, 18–0.30 Uhr, Sa/So 12–0.30 Uhr.
X-Faktor: Exzellente Meeresfrüchte.
Preise: 31,50 € Menü/60 € à la carte.

Histoire: La plus vieille brasserie de Paris, ouverte en 1864.
Décoration intérieure : Coupole de verre spectaculaire dans le style Art nouveau.
Horaires d'ouverture : Lun–Ven 12h–15h, 18h–0h30, Sam/Dim 12h–0h30.
Le « petit plus » : Excellents fruits de mer
Prix : 31,50 € menu/60 € à la carte.

Au Petit Fer à Cheval

30, rue Vieille du Temple, 75004 Paris
☎ +33 1 42 72 47 47
www.cafeine.com
Métro: St-Paul

The mere sight of the small bar with a few chairs on rue Vieille du Temple tempts guests to take a seat, drink a beer and watch life passing by. It owes its name to the horseshoe-shaped bar made of brass, where locals meet up to relax. The beautiful mosaic floor – its designer was inspired by Victor Horta – contributes much to the great charm of this delightful place.

Wenn man die kleine Bar mit ein paar Stühlen auf der rue Vieille du Temple sieht, möchte man sich dort sofort hinsetzen, ein Bier trinken und das Treiben auf der Straße beobachten. Namensgeber des Lokals war die hufeisenförmige Bar aus Messing, an der sich fröhliche Gäste aus der Nachbarschaft treffen. Zum enormen Charme dieser hübschen Location trägt auch der schöne Mosaikboden bei, dessen Gestaltung von Victor Horta inspiriert wurde.

Lorsqu'on voit le petit café-restaurant et ses quelques chaises dans la rue Vieille du Temple, on désire aussitôt s'asseoir, boire un verre et observer ce qui se passe autour de nous. Le zinc en forme de fer à cheval a donné son nom à ce point de rencontre des joyeux drilles du quartier. Le très beau sol en mosaïque inspiré des œuvres de Victor Horta contribue à lui donner un charme fou.

History: Opened for the first time in 1903.
Interior: The decor is early 20th century, with a large horseshoe-shaped bar and a beautiful mosaic floor.
Open: Daily 9 am–2 pm; warm food served midday–1:15 am.
Prices: 14.50 € main course/4 € sandwich.

Geschichte: Erstmals 1903 eröffnet.
Interieur: Dekor vom Anfang des 20. Jahrhunderts mit großer hufeisenförmiger Bar und schönem Mosaikboden.
Öffnungszeiten: Täglich 9–2 Uhr; Küche geöffnet 12–1.15 Uhr.
Preise: 14,50 € Hauptgericht/4 € Sandwich.

Histoire: Ouvert pour la première fois en 1903.
Décoration intérieure : Décoration du début du 19e siècle avec comptoir en forme de fer à cheval et très joli sol en mosaïque.
Horaires d'ouverture : Tous les jours 9h–2h du matin ; cuisine ouverte 12h–1h15 du matin.
Prix : 14,50 € plat principal/4 € sandwich.

Mariage Frères

30–35, rue du Bourg-Tibourg, 75004 Paris
☎ +33 1 42 72 28 11
www.mariagefreres.com
Métro: Hôtel de Ville

Nowhere in Paris – or anywhere, for that matter – is the selection of the finest tea better than here. The cakes and salads served with them are also excellent. The shop is even open on Sundays and sells superb scented candles with a hint of tea aroma – my favourite is the "Thé des Mandarins". Much as I like this shop, I prefer the Mariage Frères tea salon in the 6th Arrondissement (13, rue des Grands-Augustins).

Besseren Tee in einer größeren Auswahl kann man nicht nur in Paris nicht bekommen, und auch die Kuchen und Salate, die dazu serviert werden, sind sehr gut. Das Geschäft ist sogar am Sonntag geöffnet und verkauft herrliche Duftkerzen mit Teenoten – mein Favorit ist das Aroma „Thé des Mandarins". Noch lieber gehe ich allerdings in den Mariage Frères Teesalon im 6. Arrondissement (13, rue des Grands-Augustins).

Non seulement il est impossible de trouver à Paris un choix plus vaste des meilleurs thés du monde, mais les pâtisseries et les salades servises en accompagnement sont elles aussi délicieuses. La boutique, ouverte le dimanche, vend de sublimes bougies parfumées au thé – l'arôme « Thé des Mandarins » est mon favori. Mais ce que je préfère c'est aller au salon de thé de la rive gauche, 13, rue des Grands-Augustins, dans le 6e.

History: Family business established in 1854.
Open: Teashop daily 10:30 am–7:30 pm, Restaurant daily midday–3 pm, tearooms daily 3 pm–7 pm.
X-Factor: 600 different sorts of tea, light meals flavoured with tea aromas | Tea museum.
Prices: 20 € main course/8.50–11 € pastries/dessert.

Geschichte: Seit 1854 ein Familienunternehmen.
Öffnungszeiten: Teeladen täglich 10.30–19.30 Uhr, Restaurant täglich 12–15 Uhr, Teesalon täglich 15–19 Uhr.
X-Faktor: 600 Teesorten, leichte Gerichte mit Teearomen | Teemuseum.
Preise: 20 € Hauptgericht/8,50–11 € Patisserie/Dessert.

Histoire : Entreprise familiale depuis 1854.
Horaires d'ouverture : Magasin de thé tous les jours 10h30–19h30, restaurant tous les jours 12h–15h, salon de thé 15h–19h.
Le « petit plus » : 600 variétés de thé, cuisine au thé | Musée du thé.
Prix : 20 € plat principal/8,50–11 € pâtisserie/dessert.

Benoit

20, rue Saint-Martin, 75004 Paris
☎ +33 1 42 72 25 76
Métro: Châtelet/Hôtel de Ville

Every mayor of Paris has eaten here since the restaurant opened in 1912. It is one of the last classic and authentic bistros in Paris – with patina on the walls and good, traditional French cuisine such as foie gras and home-made cassoulet (white bean stew with pork). However, guests also pay for the name – the food is comparatively expensive.

Jeder Bürgermeister von Paris hat hier schon gegessen, seit das Restaurant 1912 eröffnet wurde. Es ist eines der letzten klassischen und authentischen Bistros in Paris – mit Patina an den Wänden und traditioneller, guter französischer Küche wie Foie gras und hausgemachtem Cassoulet (weißem Bohneneintopf mit Schweinefleisch). Hier zahlt man aber auch für den guten Namen – das Essen ist ver-gleichsweise teuer.

Ouvert en 1912, le restaurant a vu défiler tous les maires de Paris. C'est un des derniers authentiques bistros parisiens – murs patinés par le temps, cuisine traditionnelle, par exemple foie gras chaud, cassoulet maison, jambon à l'os. La cave est à l'avenant. Mais on paie ici pour le nom car les notes sont relativement élevées.

History: Opened in 1912, taken over by Alain Ducasse in 2005.
Interior: Belle Époque.
Open: Daily midday–2:30 pm, 7:30 pm–10:30 pm; closed in August and for one week in February.
X-Factor: Traditional French dishes.
Prices: 38 € lunch menu/65 € à la carte.

Geschichte: 1912 eröffnet; 2005 von Alain Ducasse übernommen.
Interieur: Belle Époque.
Öffnungszeiten: Täglich 12–14.30 Uhr, 19.30–22.30 Uhr; geschlossen im August und eine Woche im Februar.
X-Faktor: Traditionelle französische Speisen.
Preise: 38 € Menü (mittags)/65 € à la carte.

Histoire : Ouvert en 1912 ; repris par Alain Ducasse en 2005.
Décoration intérieure : Belle Époque.
Horaires d'ouverture : Tous les jours 12h–14h30, 19h30–22h30 ; fermé en août et une semaine en février.
Le « petit plus » : Plats traditionnels.
Prix : 38 € menu (midi)/65 € à la carte.

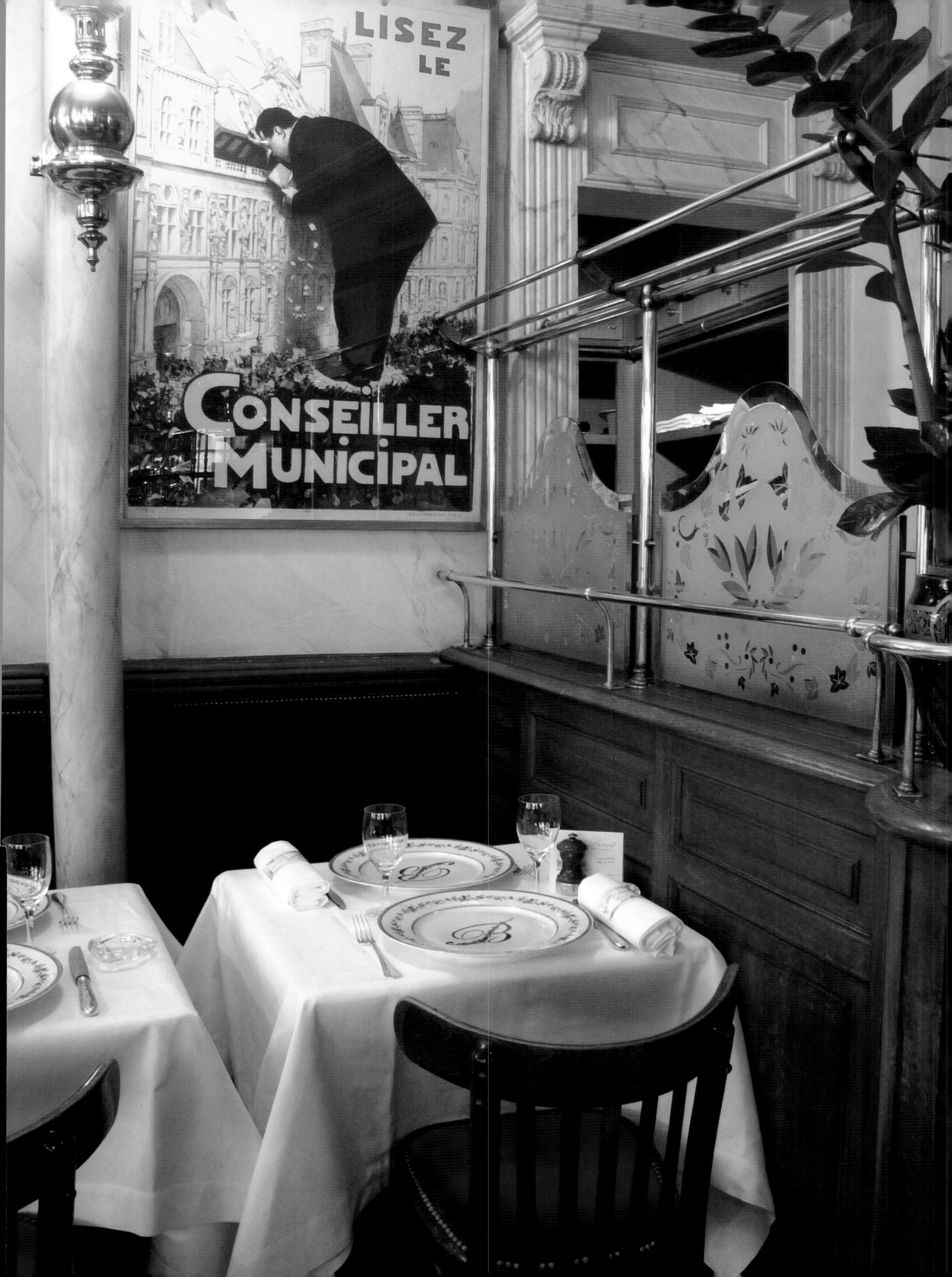
LISEZ
LE
CONSEILLER
MUNICIPAL

Georges

Centre Pompidou, 6th floor
Place Georges Pompidou, 75004 Paris
☎ +33 1 44 78 47 99
www.centrepompidou.fr
Métro: Châtelet Les Halles/Hôtel de Ville/Rambuteau

Located on the 6th floor of the Centre Pompidou, the restaurant has a breathtaking view across Paris – and this is also its principal attraction. The sculptural aluminium elements created by the designers Dominique Jakob and Brendan McFarlane attempt to create a counterpoint to the magnificent industrial architecture of the museum by Renzo Piano and Richard Rogers, unfortunately without success.

Im 6. Stock des Centre Pompidou untergebracht, eröffnet das Restaurant einen atemberaubenden Ausblick auf Paris – und der ist auch seine Hauptattraktion. Die skulpturalen Aluminium-Elemente der Designer Dominique Jakob und Brendan McFarlane versuchen, einen Kontrapunkt zur grandiosen Industriearchitektur des Museums von Renzo Piano und Richard Rogers zu setzen, leider mit Verfallsdatum.

Au niveau 6 du Centre Pompidou, le restaurant offre une vue à couper le souffle sur les toits de Paris – et c'est aussi son attrait majeur. Les sculptures creuses en aluminium des designers Dominique Jakob et Brendan McFarlane tentent bien de placer un contrepoint à la grandiose architecture industrielle de Renzo Piano et Richard Rogers, malheureusement tout cela date un peu.

Open: Wed–Mon midday–1 am | Reservation essential.
X-Factor: Breathtaking view across Paris.
Prices: 10–20 € starters/20–50 € main course/60 € à la carte.

Öffnungszeiten: Mi–Mo 12–1 Uhr | Reservierung erforderlich.
X-Faktor: Atemberaubender Ausblick auf Paris.
Preise: 10–20 € Vorspeise/20–50 € Hauptgericht/60 € à la carte.

Horaires d'ouverture : Mer–Lun 12h–1h du matin | Sur réservation.
Le « petit plus » : Superbe vue sur la ville de Paris.
Prix : 10–20 € entrée/20–50 € plat principal/60 € à la carte.

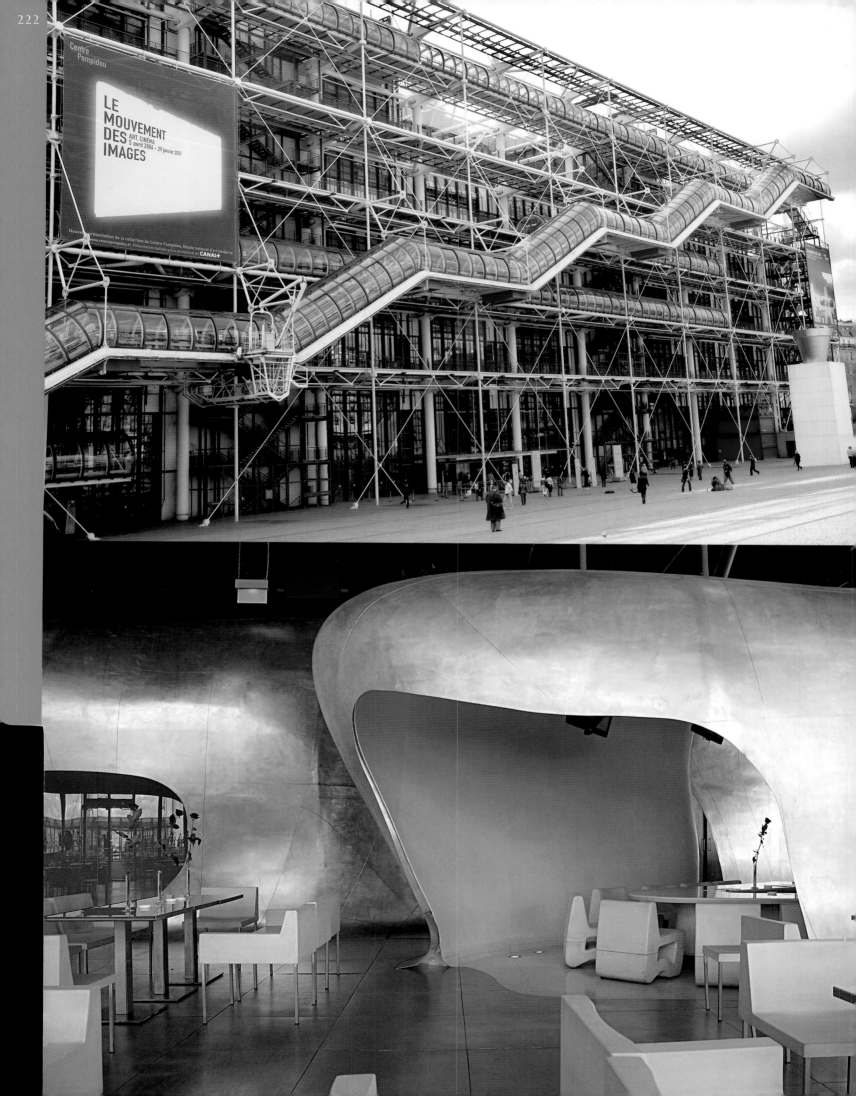

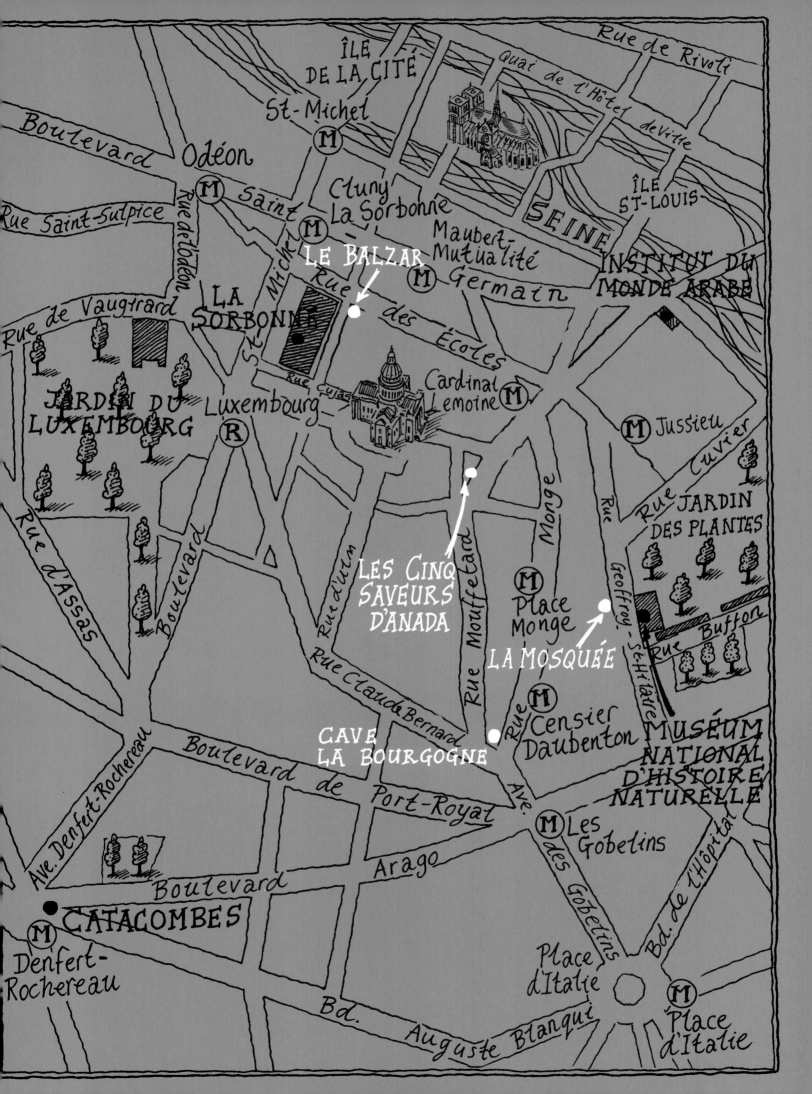

ÎLE
DE LA CITÉ

St-Michel

Quai de l'Hôtel de Ville

Rue de Rivoli

SEINE

ÎLE
ST-LOUIS

INSTITUT DU
MONDE ARABE

Boulevard   Odéon

Rue Saint-Sulpice

Rue de l'Odéon

Saint

Cluny
La Sorbonne

Maubert-
Mutualité

Germain

LE BALZAR

Rue des Écoles

St-Michel

LA
SORBONNE

Rue de Vaugirard

Rue d'Assas

JARDIN DU
LUXEMBOURG

Luxembourg

Rue Cujas

Cardinal
Lemoine

Jussieu

Rue Cuvier

JARDIN
DES PLANTES

Rue d'Ulm

Monge

Rue Geoffroy-St-Hilaire

Rue Buffon

LES CINQ
SAVEURS
D'ANADA

Rue Mouffetard

Place
Monge

LA MOSQUÉE

MUSÉUM
NATIONAL
D'HISTOIRE
NATURELLE

Boulevard

Rue Claude Bernard

CAVE
LA BOURGOGNE

Rue

Censier
Daubenton

Ave. Denfert-Rochereau

Boulevard   de   Port-Royal

Arago

Les
Gobelins

des Gobelins

Bd. de l'Hôpital

Boulevard

CATACOMBES

Denfert-
Rochereau

Bd.

Auguste Blanqui

Place
d'Italie

Place
d'Italie

Restaurants

Brasserie Balzar

49, rue des Écoles, 75005 Paris
☎ +33 1 43 54 13 67
www.brasseriebalzar.com
Métro: Cluny La Sorbonne

The Brasserie Balzar has traditionally been a meeting place for the intellectual scene in Paris, where Sartre and Camus came to dine. The former proprietor wanted to make the restaurant into a second Lipp and engaged the same architect, who made use of large mirrors, dark wooden panelling and white and green tiles. The intimate Art Déco ambience and the classic menu have remained consistently first-rate. Regular guests love the seafood platters, the choucroute, the steak-frites and the sole meunière.

Die Brasserie Balzar ist seit jeher ein Treffpunkt der Intellektuellen von Paris; schon Sartre und Camus dinierten hier. Der frühere Besitzer wollte aus dem Lokal ein zweites Lipp machen und engagierte den gleichen Architekten, der mit großen Spiegeln, dunklen Holzvertäfelungen sowie weißen und grünen Fliesen arbeitete. Bis heute sind die intime Art-déco-Atmosphäre und das klassische Menü unverändert gut: Die Stammgäste lieben die Meeresfrüchteplatten und den Choucroute, das Steak frites und die Sole meunière.

La Brasserie Balzar a toujours été le point de rencontre des intellectuels parisiens ; Sartre et Camus y déjeunaient déjà. L'ancien propriétaire voulait faire de l'établissement un second Lipp et engagea le même architecte qui travailla avec de grands miroirs, des boiseries sombres et un carrelage vert et blanc. Le décor Art Déco et la carte n'ont pas changé : les clients attitrés aiment le plateau de fruits de mer et la choucroute, le steak frites et la sole meunière.

History: Brasserie since 1931 | Albert Camus and Jean-Paul Sartre used to have their lunch at Balzar.
Interior: Art Déco.
Open: Daily midday–11:45 pm.
X-Factor: Raie au beurre fondu (skate in melted butter), Foie de veau poêlé (pan-fried veal liver), Mousse au chocolat.
Prices: 40–45 € à la carte.

Geschichte: Seit 1931 eine Brasserie | Hier trafen sich Albert Camus und Jean-Paul Sartre regelmäßig zum Lunch.
Interieur: Art déco.
Öffnungszeiten: Täglich 12–23.45 Uhr.
X-Faktor: Raie au beurre fondu (Rochen in Butter), Foie de veau poêlé (gebratene Kalbsleber), Mousse au chocolat.
Preise: 40–45 € à la carte.

Histoire: Brasserie depuis 1931 | Albert Camus et Jean-Paul Sartre s'y rencontraient pour déjeuner.
Décoration intérieure : Art Déco.
Horaires d'ouverture : Tous les jours 12h–23h45.
Le « petit plus » : Raie au beurre fondu, Foie de veau poêlé, mousse au chocolat.
Prix : 40–45 € à la carte.

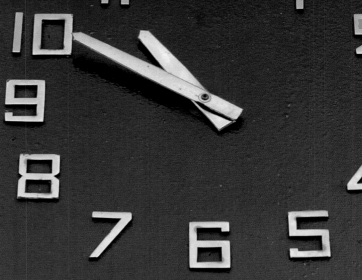

Les Cinq Saveurs d'Anada

72, rue du Cardinal Lemoine, 75005 Paris
☎ +33 1 43 29 58 54
www.anada5saveurs.com
Métro: Cardinal Lemoine

This is one of the few strictly macrobiotic restaurants in Paris and suitable only for convinced devotees. I personally like meals with tofu and seitan, but they are not everyone's cup of tea. After a crisp raw-vegetable salad, you should treat yourself to a double espresso in one of the cafés at the very pretty Place de la Contrescarpe nearby, and enjoy life.

Eines der wenigen streng makrobiotischen Restaurants in Paris und nur für überzeugte Anhänger geeignet. Ich mag Gerichte mit Tofu und Seitan; aber sie sind nicht jedermanns Geschmack. Nach einem knackigen Rohkostsalat sollte man sich einen doppelten Espresso in einem der Cafés an der nahen und wunderschönen Place de la Contrescarpe gönnen und das Leben genießen.

Un des rares restaurants macrobiotiques à Paris et réservé aux adeptes convaincus, car tout le monde n'apprécie pas le tofu et le seitan. Après avoir mangé une assiette de crudités bien craquante on devrait s'offrir un double espresso dans un des cafés de la merveilleuse Place de la Contrescarpe toute proche, et se dire que la vie est belle.

Open: Daily midday–2:30 pm, 7 pm–10:30 pm.
X-Factor: Crisp salads, macrobiotic dishes at moderate prices.
Prices: 8.50 € salad/15 € main course/ 6 € dessert.

Öffnungszeiten: Täglich 12–14.30 Uhr, 19–22.30 Uhr.
X-Faktor: Knackige Salate, makrobiotische Gerichte zu moderaten Preisen.
Preise: 8,50 € Salat/15 € Hauptgericht/ 6 € Dessert.

Horaires d'ouverture : Tous les jours 12h–14h30, 19h–22h30.
Le « petit plus » : Salades croquantes, plats macrobiotiques à des prix modérés.
Prix : 8,50 € salade/15 € plat principal/ 6 € dessert.

Cave la Bourgogne

144, rue Mouffetard, 75005 Paris
☎ +33 1 47 07 82 80
Métro: Censier Daubenton

An excellent place to go on a Sunday morning in Paris. After a stroll around the market on rue Mouffetard, this typical bistro with its wood-panelled entrance, mosaic floor and long bar is a place to relax, drink a glass of wine and enjoy typical French snacks. The pavement tables have a view of Saint-Médard Church.

Ein prima Paris-Tipp für den Sonntagvormittag: Nach einem Bummel über den Markt an der rue Mouffetard kann man in diesem typischen Bistro mit holzvertäfeltem Eingang, Mosaikboden und langem Tresen entspannen, ein Glas Wein trinken und köstliche französische Snacks bestellen. Von den Tischen auf dem Bürgersteig aus blickt man auf die Kirche Saint-Médard.

Une bonne adresse pour un dimanche après-midi dans la capitale : après un petit tour sur le marché de la rue Mouffetard, vous pourrez vous détendre dans ce bistro typique avec ses boiseries à l'entrée, son sol en mosaïque et son grand comptoir, en buvant un verre de vin et en dégustant des snacks français. Depuis les tables sur le trottoir, on peut non seulement goûter au spectacle de cette rue très passante, mais admirer aussi l'église Saint-Médard.

Open: Daily 7 am–2 am.
X-Faktor: Plain French cuisine | Terrace has a view of the Saint-Médard church.
Prices: 8–18 € for a small dish/4 € wine/2 € coffee.

Öffnungszeiten: Täglich 7–2 Uhr.
X-Faktor: Einfache französische Küche | Terrasse mit Blick auf die Kirche Saint-Médard.
Preise: 8–18 € kleines Gericht/4 € Wein/2 € Kaffee.

Horaires d'ouverture : Tous les jours 7h–2h.
Le « petit plus » : Cuisine traditionnelle simple | Terrasse avec vue sur l'église Saint-Médard.
Prix : 8–18 € le repas/4 € vin/2 € café.

La Mosquée

39, rue Geoffroy-St-Hilaire, 75005 Paris
☎ +33 1 43 31 38 20
www.la-mosquee.com
Métro: Censier Daubenton/Place Monge

A visit to La Mosquée is like a short trip to the Orient: classics such as tajine and couscous are served at the restaurant with its delicate cedarwood arches and soft cushions; the Salon de thé in the inner courtyard is the perfect place to enjoy a thé à la menthe and sweet dates. Anyone in search of oriental souvenirs should take a stroll around the small souk followed by relaxation in the hammam (enquire about the opening times beforehand, they are different for men and women!).

Ein Besuch im La Mosquée ist wie eine kurze Reise in den Orient: Im Restaurant mit filigranen Zederholzbögen werden Klassiker wie Tagine und Couscous serviert. Am schönsten ist aber der Salon de thé im Innenhof, er ist der perfekte Platz für einen „thé à la menthe". Wer orientalische Souvenirs sucht, bummelt am besten durch den kleinen Souk und entspannt anschließend im Hamam (vorher nach den Öffnungszeiten fragen, sie sind für Damen und Herren unterschiedlich!).

Une visite à La Mosquée est comme un voyage en Orient. Le restaurant, remarquable avec ses arcs en bois de cèdre très travaillés et ses confortables coussins, propose des classiques comme la tajine et le couscous, et le salon de thé dans la cour est l'endroit idéal pour déguster un thé à la menthe accompagné de dattes. Si vous désirez des souvenirs orientaux, promenez-vous dans le petit souk, vous pourrez ensuite vous détendre au hammam (demandez à l'avance les heures d'ouverture qui ne sont pas les mêmes pour les hommes et pour les femmes).

Interior: Shady courtyard with trees.
Open: Salon de thé daily 9 am–11:30 pm, restaurant daily midday–3:30 pm, 7 pm–11:30 pm.
X-Factor: Moroccan mint tea, oriental sweets.
Prices: 6.50 € starters/16 € couscous/ 15 € tajine.

Interieur: Begrünter Innenhof mit Bäumen.
Öffnungszeiten: Salon de thé täglich 9–23.30 Uhr, Restaurant täglich 12–15.30 Uhr, 19–23.30 Uhr.
X-Faktor: Marokkanischer Minztee, orientalische Süßigkeiten.
Preise: 6,50 € Vorspeise/16 € Couscous/ 15 € Tagine.

Décoration intérieure : Cour intérieure ombragée.
Horaires d'ouverture : Salon de thé tous les jours 9h–23h30, restaurant tous les jours 12h–15h30, 19h–23h30.
Le « petit plus » : Thé à la menthe marocain, sucreries orientales.
Prix : 6,50 € entrée/16 € couscous/ 15 € tajine.

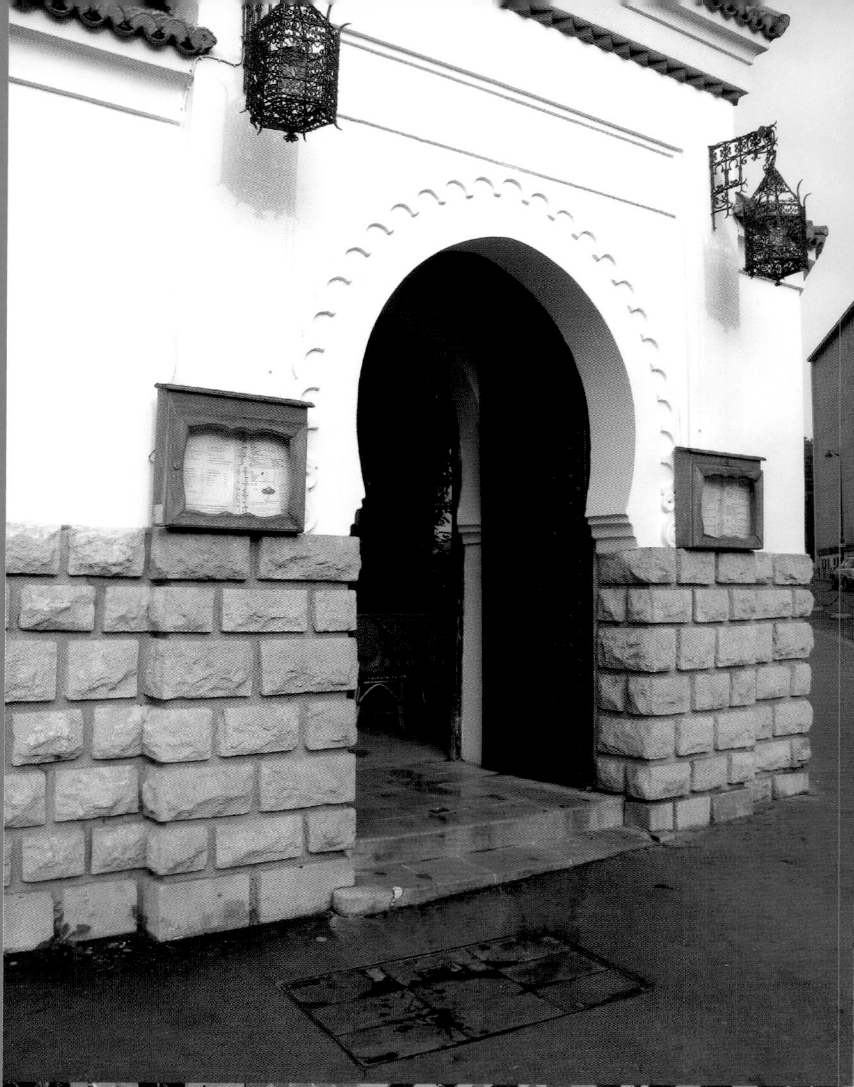

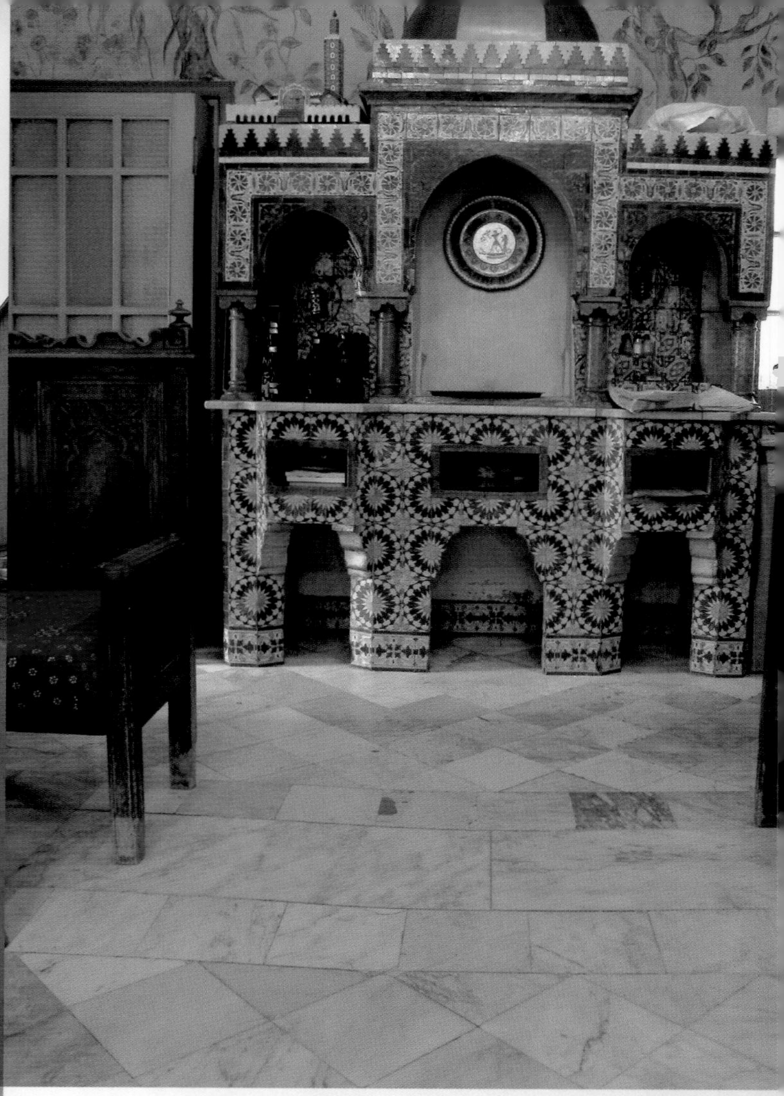

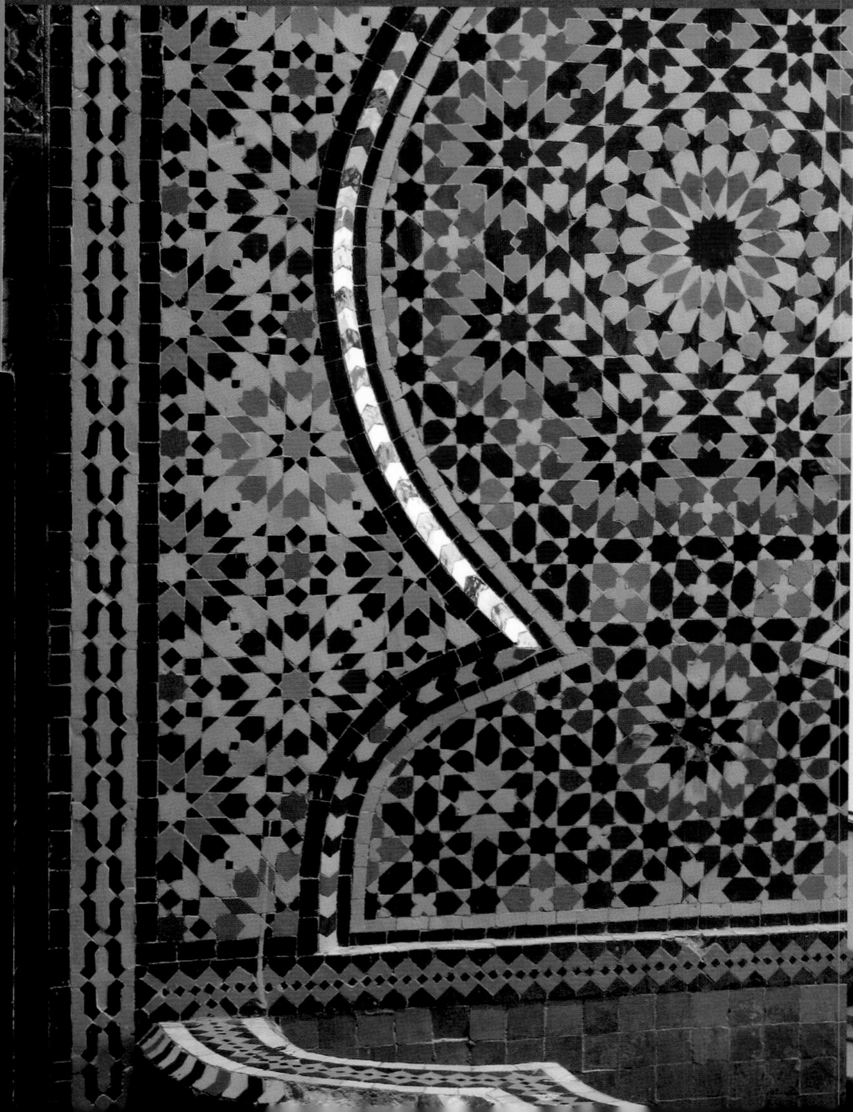

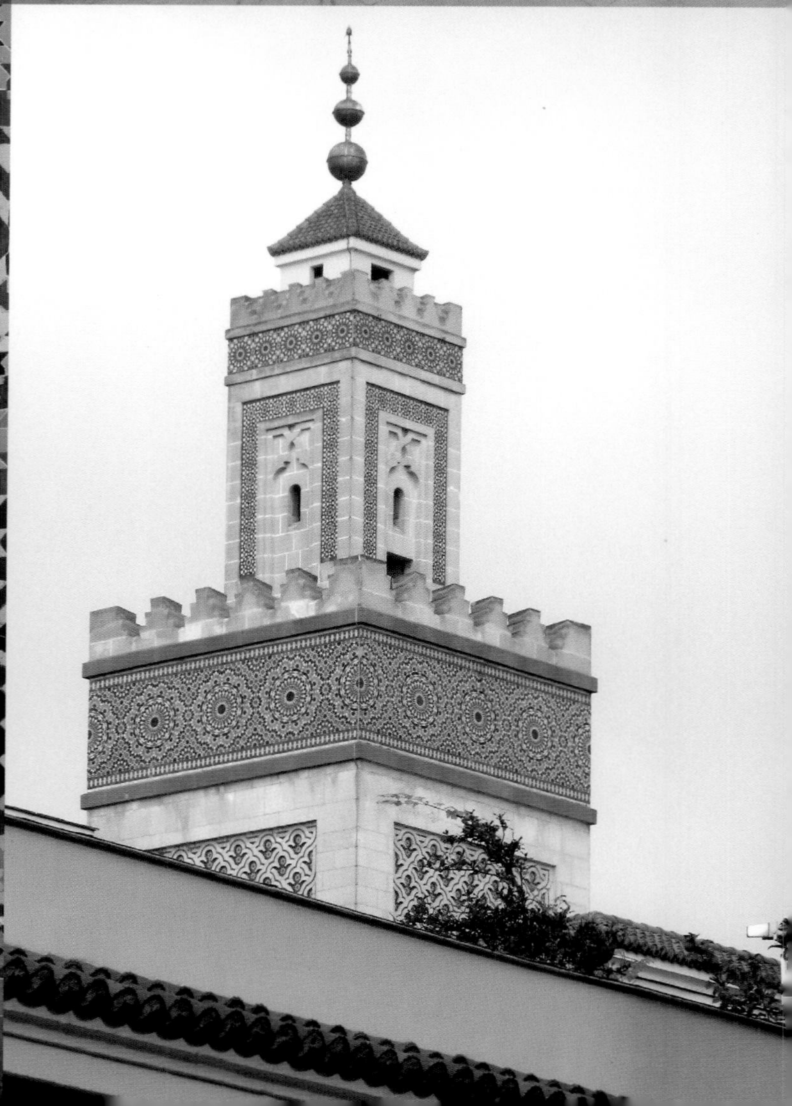

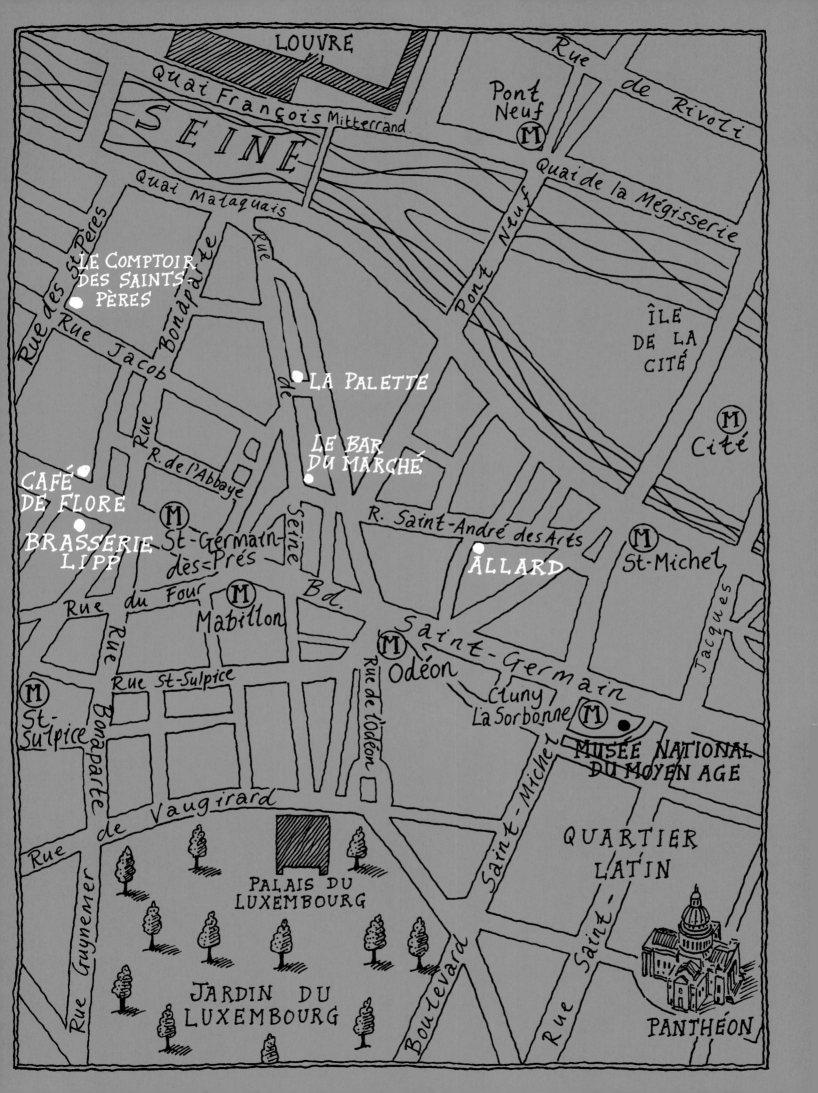

LOUVRE

Quai François Mitterrand

Rue de Rivoli

Pont Neuf Ⓜ

Quai de la Mégisserie

SEINE

Quai Malaquais

Quai des St-Pères

Rue Jacob

Rue Bonaparte

LE COMPTOIR DES SAINTS-PÈRES

Rue de Seine

LA PALETTE

R. de l'Abbaye

LE BAR DU MARCHÉ

CAFÉ DE FLORE

BRASSERIE LIPP

Rue

Ⓜ St-Germain-dès-Prés

Seine

Bd.

R. Saint-André des Arts

ALLARD

ÎLE DE LA CITÉ

Ⓜ Cité

Ⓜ St-Michel

Saint-Germain

Rue du Four

Ⓜ Mabillon

Rue de l'Odéon

Ⓜ Odéon

Cluny La Sorbonne

Ⓜ

Rue St-Sulpice

Rue Bonaparte

Ⓜ St-Sulpice

MUSÉE NATIONAL DU MOYEN AGE

Rue Jacques

Saint-Michel

QUARTIER LATIN

Rue Guynemer

Vaugirard

Rue de

PALAIS DU LUXEMBOURG

Boulevard

Rue Saint-

JARDIN DU LUXEMBOURG

PANTHÉON

Restaurants

Allard

1, rue de l'Éperon (entrance)/
41, rue Saint-André des Arts, 75006 Paris
☎ +33 1 43 26 48 23
Métro: Odéon

This bistro has wonderful Parisian charm with patina – hardly anything has changed here since it opened in 1940. The French bourgeoisie loves this restaurant and its famous duck dish – the tender meat sinks under a mountain of aromatic olives.

Dieses Bistro besitzt einen wunderbaren Pariser Charme mit Patina, denn seit der Eröffnung 1940 hat sich hier fast nichts verändert. Die einheimische Bourgeoisie liebt dieses Lokal und die berühmte Ente – das zarte Fleisch versinkt unter einem Berg aromatischer Oliven.

Ce bistro possède un charme fou, avec son ambiance rétro. En effet, presque rien n'a changé ici depuis l'ouverture en 1940. La clientèle bourgeoise vivant dans le voisinage aime cet établissement et son célèbre canard dont la chair tendre disparaît sous une montagne d'olives odorantes.

History: Opened in 1940 | Once a popular meeting place for politicians and stars.
Open: Mon–Sat midday–2:30 pm, 7 pm–11 pm | Closed for 3 weeks in August.
X-Factor: Duck with olives, snails.
Prices: c. 15 € starters/c. 35 € main course.

Geschichte: 1940 eröffnet | Einst ein bekannter Treffpunkt für Politiker und Stars.
Öffnungszeiten: Mo–Sa 12–14.30 Uhr, 19–23 Uhr | Im August 3 Wochen geschlossen.
X-Faktor: Ente in Oliven, Schnecken.
Preise: ca. 15 € Vorspeise/ca. 35 € Hauptgericht.

Histoire : Ouvert en 1940 | Jadis célèbre point de rencontre pour les hommes politiques et les stars.
Horaires d'ouverture : Lun–Sam 12h–14h30, 19h–23h | Fermé trois semaines en août.
Le « petit plus » : Canard aux olives, escargots.
Prix : env. 15 € entrée/env. 35 € plat principal.

La Palette

43, rue de Seine, 75006 Paris
☎ +33 1 43 26 68 15
Métro: Odéon/St-Germain-des-Prés

Not much has changed since the restaurant was frequented by Picasso and Braque; this is particularly true of the waiters' manners. In true old-fashioned Parisian tradition they are not exactly obliging. This should not be taken personally but seen as part of the entertainment while watching the comings and goings of guests. The interior dates from 1935, the dishes of the day are always good.

Es hat sich nicht viel geändert, seit Picasso und Braque hier einkehrten, vor allem nicht das Benehmen der Kellner: Sie sind nach altmodischer Pariser Tradition nicht unbedingt zu-vorkommend. Fasst man das nicht persönlich auf, hat man hier seinen Spaß und beobachtet das Kommen und Gehen der Gäste. Das Interieur ist seit 1935 unverändert, und die Tages-gerichte sind immer gut.

Peu de choses ont changé depuis l'époque où Braque et Picasso venaient manger ici, et surtout pas les garçons, toujours aussi peu affables, tradition parisienne oblige. Si on ne le prend pas personnellement, on jouit de l'ambiance et on peut regarder les clients aller et venir. Le décor est resté comme en 1935 et les plats du jour sont toujours excellents.

History: First opened in 1903 | Once frequented by Picasso and Braque.
Interior: 1935.
Open: Mon–Sat 9 am–2 am.
X-Factor: The dish of the day can always be recommended.
Prices: 15 € dish of the day | Credit cards: Visa only.

Geschichte: 1903 erstmals eröffnet | Picasso und Braque waren hier häufig zu Gast.
Interieur: 1935.
Öffnungszeiten: Mo–Sa 9–2 Uhr.
X-Faktor: Tagesgerichte immer empfehlens-wert.
Preise: 15 € Tagesgericht | Kreditkarten: nur Visa.

Histoire : Ouvert pour la première fois en 1903 | Picasso et Braque en étaient des familiers.
Décoration intérieure : 1935.
Horaires d'ouverture : Lun–Sam 9h–2h du matin.
Le « petit plus » : Les plats du jour sont à conseiller.
Prix : 15 € plat du jour | Cartes de crédit : Uniquement Visa.

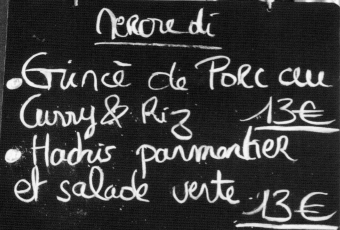

Le Bar du Marché

75, rue de Seine, 75006 Paris
☎ +33 1 43 26 55 15
video at www.paris-zoom.com
Metro: Mabillon/Odéon

Located at the corner of rue de Buci and rue de Seine opposite the street market, this actually rather ordinary café has become a hot spot for young, hip Parisians, particularly at cocktail hour. But in the mornings it is also an excellent place to enjoy a cup of café crème while watching life go by or to relax after a trip to TASCHEN, located a little further along rue de Buci.

An der Ecke rue de Buci/rue de Seine gegenüber dem Straßenmarkt gelegen, ist dieses eher gewöhnliche Café zum Hotspot der jungen, hippen Pariser geworden, vor allem zur Cocktail-Stunde. Aber auch morgens lässt sich hier herrlich bei einem Café crème das Treiben beobachten – oder nach einem Besuch des TASCHEN-Ladens entspannen, der ein kleines Stück weiter an der rue de Buci liegt.

Au coin de la rue de Buci et de la rue de Seine, en face du marché, ce café sans prétention est devenu la coqueluche des jeunes Parisiens branchés, surtout à l'heure du cocktail. Mais le matin on peut aussi y déguster un café crème en regardant les passants ou se détendre après avoir visité la boutique TASCHEN, située un peu plus loin, rue de Buci.

Open: Daily 8 am–2 am.
X-Factor: Hip hotspot for young Parisians | Snacks.
Prices: 4 € beer/7.50 € cocktails/2.30 € coffee.

Öffnungszeiten: Täglich 8–2 Uhr.
X-Faktor: Angesagter Treffpunkt für junge Pariser | Kleine Gerichte.
Preise: 4,00 € Bier/7,50 € Cocktail/2,30 € Kaffee.

Horaires d'ouverture : Tous les jours 8h–2h du matin.
Le « petit plus » : Lieu de rencontre sympa des jeunes Parisiens | Petite restauration.
Prix : 4,00 € bière/7,50 € cocktail/2,30 € café.

Bar du Marché
6e Arr
RUE DE SEINE
du Marché
Bar du Marché

THE KID
piaf

Café de Flore

172, Boulevard Saint-Germain, 75006 Paris
☎ +33 1 45 48 55 26
www.cafe-de-flore.com
Métro: St-Germain-des-Prés

The Café de Flore was made famous by regular patrons such as the Surrealists Apollinaire, Aragon and Breton, the writers Jean-Paul Sartre and Simone de Beauvoir, and existentialists such as Juliette Gréco and Boris Vian. Today it is still a popular place for writers, models and actors to meet. However, the quality of the food has suffered from the advent of tourism. The tableware with its green lettering is particularly attractive and can be bought at the café's souvenir shop.

Das Café de Flore wurde berühmt durch Stammgäste wie die Surrealisten Apollinaire, Aragon und Breton, die Schriftsteller Jean-Paul Sartre und Simone de Beauvoir, die Existenzialisten wie Juliette Gréco und Boris Vian – und ist auch heute noch ein beliebter Treffpunkt von Autoren, Models und Schauspielern. Die Qualität des einfachen, aber guten Essens hat unter dem Tourismus allerdings gelitten. Besonders schön ist das Geschirr mit dem grünen Schriftzug, das man im hauseigenen Souvenirshop kaufen kann.

Apollinaire et les surréalistes Aragon et Breton, Jean-Paul Sartre et Simone de Beauvoir, les existentialistes Juliette Gréco et Boris Vian ont fait la célébrité du Café de Flore, qui est resté un rendez-vous apprécié des écrivains, mannequins et acteurs de cinéma. La cuisine, à l'origine simple mais bonne, a souffert du tourisme. La vaisselle au label vert est très jolie et on peut l'acheter dans la boutique.

History: The historical café was made famous by celebrities such as Guillaume Apollinaire, André Breton, Jean-Paul Sartre, Simone de Beauvoir and Juliette Gréco.
Open: Daily 7:30 am–1:30 am
X-Factor: Terrace with a fine view on the busy street.
Prices: 13 € small uncooked dishes/ 12 € salad/10 € cocktails.

Geschichte: Guillaume Apollinaire, André Breton, Jean-Paul Sartre, Simone de Beauvoir, Juliette Gréco u. a. machten das historische Café berühmt.
Öffnungszeiten: Täglich 7.30–1.30 Uhr.
X-Faktor: Terrasse mit Blick auf das Straßengeschehen.
Preise: 13 € kleine Gerichte/12 € Salat/ 10 € Cocktail.

Histoire : Des clients comme Guillaume Apollinaire, André Breton, Jean-Paul Sartre, Simone de Beauvoir et Juliette Gréco.
Horaires d'ouverture : Tous les jours 7h30–1h30.
Le « petit plus » : La terrasse pour jouir de l'animation du quartier.
Prix : 13 € petit plat froid/12 € salade/ 10 € cocktail.

Brasserie Lipp

151, Boulevard Saint-Germain, 75006 Paris
☎ +33 1 45 48 72 93
www.brasserie-lipp.fr
Métro: St-Germain-des-Prés

The classic among the brasseries in Paris. Ernest Hemingway often sat here over herrings and wrote about them in "A Moveable Feast". Classic simple French cuisine, for example choucroute or steak frites, millefeuille as a dessert. However, more important than the actual food is where it is eaten. The table to which a guest is shown says everything about his importance. Worst of all is to be sent upstairs, then it's better to leave.

Der Klassiker unter den Brasserien in Paris. Ernest Hemingway saß hier oft bei Hering und schrieb darüber in „Paris, ein Fest fürs Leben". Klassisch französische und unkomplizierte Küche, Choucroute oder Steak frites, als Dessert Millefeuille. Wichtiger als das Essen ist allerdings, wo man es isst: Anhand des zugewiesenen Tisches lässt sich die Bedeutung des Gastes erkennen. Ganz schlimm ist es, nach oben geschickt zu werden, dann lieber wieder gehen.

La brasserie parisienne classique. Ernest Hemingway y mangeait souvent du hareng et l'écrit dans « Paris est une fête ». Cuisine traditionnelle sans complications, choucroute ou steak frites, millefeuille en dessert. Mais l'endroit où l'on mange est plus important que ce qu'on mange et les meilleures tables sont réservées au VIP. Le pire est d'être envoyé en haut, mieux vaut alors s'en aller.

History: Founded in 1880 by Leonard Lipp | Favourite spot of writers, politicians, artists and other celebrities.
Interior: Wall tiles from 1900, Art Déco decoration from 1926.
Open: Daily 11:30 am–2 am.
X-Factor: Hareng à l'huile, Sole meunière, Millefeuille.
Prices: 40 € à la carte.

Geschichte: 1880 von Leonard Lipp eröffnet | Beliebter Treff für Schriftsteller, Politiker und Künstler.
Interieur: Wandfliesen von 1900, Art-déco-Einrichtung von 1926.
Öffnungszeiten: Täglich 11.30–2 Uhr.
X-Faktor: Hareng à l'huile, Sole meunière, Millefeuille.
Preise: 40 € à la carte.

Histoire : Ouvert en 1880 par Leonard Lipp.
Décoration intérieure : Faïences murales de 1900, décoration Art déco de 1926.
Horaires d'ouverture : Tous les jours 11h30–2h.
Le « petit plus » : Hareng à l'huile, sole meunière, millefeuille.
Prix : 40 € à la carte.

Restaurants

brasserie LIPP

151, BD SAINT-GERMAIN PARIS 6e
TEL : 01.45.48.53.91
OUVERT TOUS LES JOURS JUSQU'À 2H DU MATIN

Le Comptoir des Saints-Pères

29, rue des Saints-Pères, 75006 Paris
☎ +33 1 40 20 09 39
Métro: St-Germain-des-Prés

A typical French café, steeped in history – as guests sense as soon as they sit down at a pavement bistro table or at the long brass bar. Hemingway, who lived in Paris from 1921 to 1926 and wrote "A Moveable Feast" about this time, initially stayed next door at Hôtel Jacob (now Hôtel d'Angleterre). James Joyce, who was still working on "Ulysses" at the beginning of 1920, lived very nearby in rue de l'Université, and both writers went to the café regularly. Later, Hemingway also used to meet Scott Fitzgerald here (1929).

Ein typisch französisches Café, das Geschichte atmet, was man sofort spürt, wenn man am Bistrotisch auf dem Trottoir oder an der langen Messingtheke sitzt. Hemingway, der von 1921 bis 1926 in Paris lebte und später „Paris, ein Fest fürs Leben" schrieb, wohnte zunächst nebenan im Hôtel Jacob (heute Hôtel d'Angleterre). James Joyce, der Anfang 1920 noch an „Ulysses" arbeitete, lebte ganz in der Nähe in der rue de l'Université, und beide Schriftsteller kamen regelmäßig hierher. Später traf sich Hemingway hier auch mit Fitzgerald (1929).

Un café typique avec son beau zinc d'époque. Hemingway qui vécut à Paris de 1921 à 1926 et écrivit « Paris est une fête » a tout d'abord habité à l'Hôtel Jacob – aujourd'hui Hôtel d'Angleterre – tout proche. James Joyce qui travaillait encore à « Ulysse » début 1920 vivait à quelques mètres dans la rue de l'Université. Les deux écrivains venaient régulièrement ici, plus tard Hemingway y rencontra aussi Fitzgerald (1929).

History: Once frequented by Ernest Hemingway and James Joyce.
Open: Mon 7 am–9 pm, Tues–Sat 7 am–0:30 am (warm food served until 11 pm), Sun 9 am–6 pm.
Prices: 24–28 € set menu/12.50 € dish of the day/5–6 € dessert/2.50 € coffee.

Geschichte: Einst oft von Ernest Hemingway und James Joyce besucht.
Öffnungszeiten: Mo 7–21 Uhr, Di–Sa 7–0.30 Uhr (Küche geöffnet bis 23 Uhr), So 9–18 Uhr.
Preise: 24–28 € Menü/12.50 € Tagesgericht/5–6 € Dessert/2,50 € Kaffee.

Histoire : Fréquenté jadis par Ernest Hemingway et James Joyce.
Horaires d'ouverture : Lun 7h–21h, Mar–Sam 7h–0h30 (cuisine ouverte jusqu'à 23h), Dim 9h–18h.
Prix : 24–28 € menu/12,50 € plat du jour/5–6 € dessert/2,50 € café.

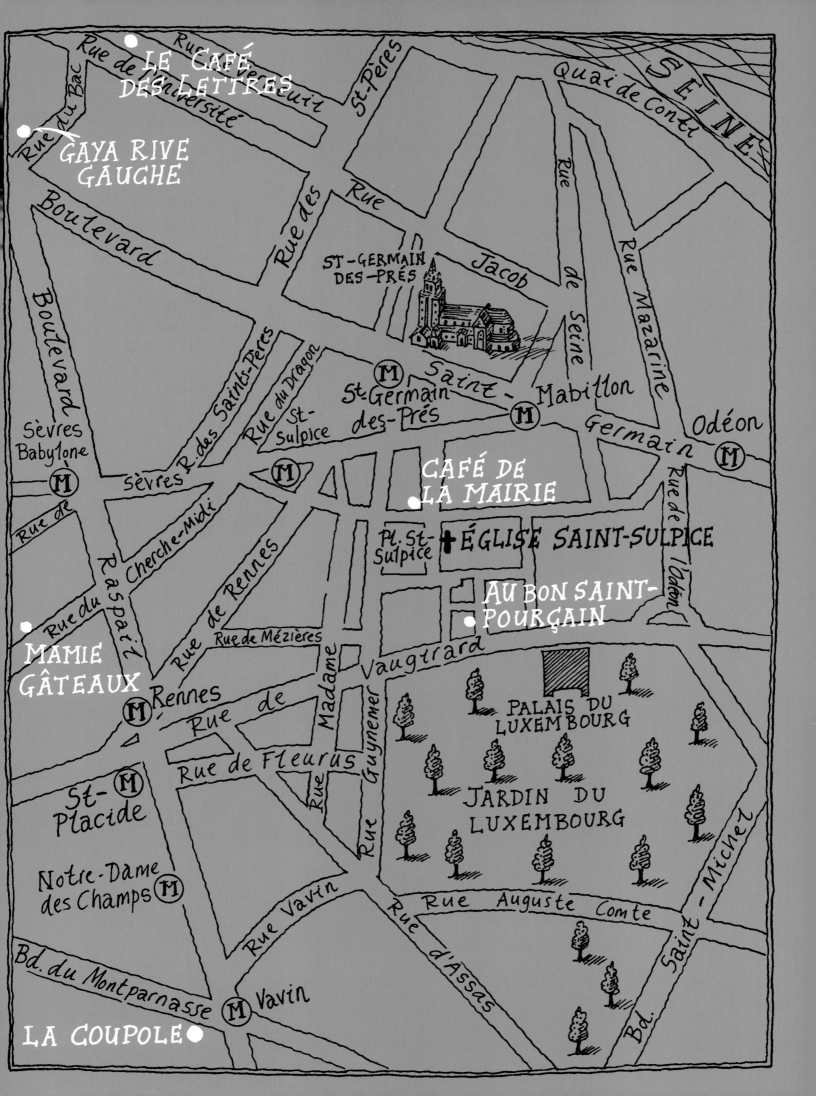

SEINE

Quai de Conti

Rue du Bac

Rue de l'Université

Rue de Verneuil

LE CAFÉ
DES LETTRES

St-Pères

GAYA RIVE
GAUCHE

Boulevard

Rue des

Rue

ST-GERMAIN
DES-PRÉS

Jacob

de Seine

Rue Mazarine

Boulevard

R. des Saint-Pères

Rue du Dragon

St-Germain
des-Prés

Saint-

Mabillon

Germain

Odéon

Sèvres
Babylone

Sèvres

St-
Sulpice

Raspail

Cherche-Midi

Rue de Rennes

CAFÉ DE
LA MAIRIE

Rue de l'Odéon

Rue de

Pl. St-
Sulpice

✝ ÉGLISE SAINT-SULPICE

Rue du

MAMIE
GÂTEAUX

Rue de Mézières

Rue

AU BON SAINT-
POURÇAIN

Rennes

Rue de

Madame

Rue Guynemer

Vaugirard

PALAIS DU
LUXEMBOURG

St-
Placide

Rue de Fleurus

Rue

JARDIN DU
LUXEMBOURG

Notre-Dame
des Champs

Rue Vavin

Rue d'Assas

Rue Auguste Comte

Saint - Michel

Bd. du Montparnasse

Vavin

Bd.

LA COUPOLE

Gaya Rive Gauche

44, rue du Bac, 75007 Paris
☎ +33 1 45 44 73 73
Métro: Rue du Bac

A fantastic, modern fish restaurant, typical of Paris. Classic fish dishes are on the menu, but the extras, such as oysters with foie gras, are also worth trying. The Gaya Rive Gauche is the perfect place to relax after a successful shopping spree – and to spend as much money once again as for the new shoes.

Ein fantastisches, modernes Fischrestaurant. Hier stehen klassische Fischgerichte auf der Karte, aber auch empfehlenswerte Extras wie Austern mit Foie gras. Am besten erholt man sich im Gaya Rive Gauche nach einem erfolgreichen Shoppingtag – und gibt hier noch mal so viel Geld aus wie für die neuen Schuhe.

Un restaurant fantastique de poissons, moderne et typiquement parisien. On découvrira sur la carte aussi bien des plats classiques que des extras à recommander comme les huîtres au foie gras. L'idéal est de se détendre au Gaya Rive Gauche après une journée de shopping réussie. On y dépensera encore une fois ce qu'on a payé pour sa nouvelle paire de chaussures.

Open: midday–2:30 pm, 7:30 pm–10:30 pm, closed on Sundays | Reservations recommended.
X-Factor: Rock lobster risotto, wild perch | A good choice of wine by the glass.
Prices: 90 € à la carte.

Öffnungszeiten: 12–14.30 Uhr, 19.30–22.30 Uhr, So geschlossen | Reservierung empfohlen.
X-Faktor: Langusten-Risotto, Wilder Barsch | Gute Auswahl an offenen Weinen.
Preise: 90 € à la carte.

Horaires d'ouverture : 12h–14h30, 19h30–22h30, fermé le dimanche | Sur réservation.
Le « petit plus » : Risotto de langoustes, filet de perche | Bon choix de vins débouchés.
Prix : 90 € à la carte.

Le Café des Lettres

53, rue de Verneuil, 75007 Paris
☎ +33 1 45 44 14 69
Métro: Rue du Bac

The Maison des Écrivains has its premises here today, but originally the house was built for an officer of the musketeers and you can still feel the spirit of the legendary D'Artagnan. The pretty courtyard with original cobblestones is an ideal place for lunch. It's cosy to seat inside as well and enjoy the delicious, unpretentious food.

Heute befindet sich hier die Maison des Écrivains, aber ursprünglich wurde das Gebäude für einen Offizier der Musketiere gebaut – man kann noch immer den Geist des berühmten D'Artagnan spüren. Der hübsche Innenhof mit altem Kopfsteinpflaster ist ein idealer Platz zum Mittagessen, doch auch innen sitzt man gemütlich und genießt das köstliche, unprätentiöse Essen.

Si ce bâtiment abrite aujourd'hui la Maison des Écrivains, il fut construit à l'origine pour un officier des mousquetaires et on a l'impression que D'Artagnan hante encore les lieux. La jolie cour intérieure avec ses vieux pavés est l'endroit idéal pour le déjeuner de midi. Mais on est aussi assis confortablement à l'intérieur pour déguster des plats simples et délicieux.

Open: Mon–Sun 9 am–midnight, warm food served until 10:30 pm, on Sat/Sun until 11 pm.
X-Factor: 300 books to read, current newspaper and magazines, 30 games | Vegetarian dishes, home-made duck liver pâté.
Prices: From 5 € for a starter/from 13 € main course/2.50 € coffee.

Öffnungszeiten: Mo–So 9–24 Uhr, Küche bis 22.30 Uhr, Sa/So Küche bis 23 Uhr.
X-Faktor: 300 Bücher zum Lesen, aktuelle Zeitungen und Zeitschriften, 30 Spiele | Vegetarische Gerichte, selbst gemachte Entenleberpastete.
Preise: Ab 5 € Vorspeise/ab 13 € Hauptgericht/2,50 € Kaffee.

Horaires d'ouverture : Lu–Di 9–24h, service jusqu'à 22.30h, Sam/Dim service jusqu'à 23h.
Le « petit plus » : 300 livres, journaux et revues, 30 jeux de société | Plats végétariens, pâté de foie de canard maison.
Prix : Hors-d'œuvre à partir de 5 €/Plat principal à partir de 13 €/ Café 2,50 €.

Café de la Mairie

8, Place Saint-Sulpice, 75006 Paris
☎ +33 1 43 26 67 82
Métro: St-Sulpice/Mabillon/Odéon

This is where tout Paris sits at the pavement tables drinking coffee and enjoying the marvellous view of the square and the oddly ill-proportioned church. A crispy Croque Monsieur with a cold bière à la pression is an ideal snack or refreshment during a shopping expedition.

Hier sitzt „tout Paris" zum Kaffee auf dem Trottoir mit wunderbarem Blick auf den Platz und die seltsam unproportionierte Kirche Saint-Sulpice. Bei kleinem Hunger und als Stärkung während eines Einkaufsbummels schmeckt der knusprige Croque Monsieur zum kühlen Bière à la pression sehr gut.

Le tout-Paris boit ici son café sur la terrasse qui offre une vue admirable sur la place et l'église Saint-Sulpice aux tours dissemblables si bizarres. Pour ceux qui ressentent une petite faim ou qui ont besoin d'un regain d'énergie pour continuer leur shopping, un délicieux croque-monsieur et une bière à la pression bien fraîche s'imposent.

Open: Mon–Fri 7 am–2 am, Sat 8 am–2 am, Sun 9 am–10 pm.
X-Factor: Terrace with a view of the church and Place Saint-Sulpice | Snacks such as Croque Monsieur.
Prices: 5.50 € Croque Monsieur/2.50 € coffee | No credit cards.

Öffnungszeiten: Mo–Fr 7–2 Uhr, Sa 8–2 Uhr, So 9–22 Uhr.
X-Faktor: Terrasse mit Blick auf die Kirche und Platz Saint-Sulpice | Kleine Gerichte wie Croque Monsieur.
Preise: 5,50 € Croque Monsieur/2,50 € Kaffee | Keine Kreditkarten.

Horaires d'ouverture : Lun–Ven 7h–2h du matin, Sam 8h–2h, Dim 9h–22h.
Le « petit plus » : La terrasse avec sa vue sur l'église et la place Saint-Sulpice | Petite restauration comme croque-monsieur.
Prix : 5,50 € croque-monsieur/2,50 € café | Cartes de crédit non acceptées.

Au Bon Saint-Pourçain

10 bis, rue Servandoni, 75006 Paris
☎ +33 1 43 54 93 63
www. aubonsaintpourcain.com
Métro: St-Sulpice

This small restaurant is not very easy to find (it is tucked away in a narrow street – rue Servandoni), but the effort is worth it. Only very few tourists come here, and so the ones who do sit side by side with Parisians as they enjoy simple French bistro fare that also includes my favourite, the pot-au-feu, and the individual service.

Dieses kleine Restaurant muss man suchen (es versteckt sich in der schmalen rue Servandoni) –, aber die Mühe lohnt sich. Hierher kommen nur wenige Touristen, und so sitzt man gemeinsam mit den Parisern am Tisch und genießt einfache französische Bistro-Gerichte wie meine Leibspeise, den Pot-au-feu, und den persönlichen Service.

Il faut vraiment chercher ce petit restaurant qui se cache dans la longue rue Servandoni, mais cela en vaut la peine. Peu de touristes s'aventurent jusqu'ici, et l'on se retrouve assis avec des Parisiens, un verre de Saint-Pourçain à la main, à savourer des plats traditionnels tout simples, du pot-au-feu par exemple, et à apprécier le service chaleureux.

Open: Tues–Sat midday–2:30 pm, 7:30 pm–10:30 pm.
X-Factor: Plain traditional French cuisine with dishes such as pot-au-feu and snails.
Prices: 6–12 € starters/20 € main course/29–48 € set menu | No credit cards.

Öffnungszeiten: Di–Sa 12–14.30 Uhr, 19.30–22.30 Uhr.
X-Faktor: Einfache traditionelle französische Küche mit Gerichten wie Pot-au-feu oder Schnecken.
Preise: 6–12 € Vorspeise/20 € Hauptgericht/29–48 € Menü | Keine Kreditkarten.

Horaires d'ouverture : Mar–Sam 12h–14h30, 19h30–22h30.
Le « petit plus » : Cuisine française traditionnelle, comme le pot-au-feu ou les escargots.
Prix : 6–12 € entrée/20 € plat principal/29–48 € menu | Cartes de crédit non acceptées.

Mamie Gâteaux

66, rue du Cherche-Midi, 75006 Paris
☏ +33 1 42 22 32 15
www.mamie-gateaux.com
Métro: Sèvres-Babylone

An oasis in which to take a breather after a shopping excursion to the nearby Bon Marché department store or along the romantic rue du Cherche-Midi with its variety of small shops. All cakes, pastries and quiches served here are home-made. There are two shops called "Brocante" and "Boutique de Mamie Gâteaux", which sell attractive gifts and delicious cakes.

Die Erholungsoase nach einer Shoppingtour durch das nahe gelegene Kaufhaus Bon Marché oder durch die abwechslungsreiche, romantische rue du Cherche-Midi mit vielen kleinen Läden Hier werden nur hausgebackene Kuchen, Gebäck und Quiches serviert. Nebenan gibt es noch die „Brocante" und die „Boutique de Mamie Gâteaux", in denen man hübsche Mitbringsel und den leckeren Kuchen kaufen kann.

Une oasis de repos après une visite au Bon Marché tout proche ou dans les nombreuses petites boutiques de la rue du Cherche-Midi si romantique. Le salon de thé ne sert que des pâtisseries et quiches maison. Juste à côté se trouvent la Boutique et la Brocante de Mamie Gâteaux dans lesquels on peut acheter les gâteaux et de quoi faire plaisir à ses proches.

Open: Tues–Sat 11:30 am–6 pm.
X-Factor: Nostalgic atmosphere of grandma's kitchen | Specialities: home-made cakes, pastries, quiches.
Prices: 10 € set menu (quiche with salad and a drink)/5 € cakes/5 € tea.

Öffnungszeiten: Di–Sa 11.30–18 Uhr.
X-Faktor: Nostalgisches Interieur | Spezialitäten: hausgemachte Kuchen, Gebäck, Quiches.
Preise: 10 € Menü (Quiche mit Salat und ein Getränk)/5 € Kuchen/5 € Tee.

Horaires d'ouverture : Mar–Sam 11h30–18h.
Le « petit plus » : Ambiance nostalgique de cuisine de grand-mère | Spécialités : Gâteaux maison, pâtisseries, quiches.
Prix : 10 € menu (quiche, salade, boisson)/ 5 € gâteau/5 € thé.

SALON DE THE

La Coupole

102, Boulevard du Montparnasse, 75014 Paris
☎ +33 1 43 20 14 20
www.coupoleparis.com
Métro: Vavin

This large, well-known brasserie was opened in 1927. Despite the vastness of the magnificent Art-Deco dining room, its atmosphere is actually one of intimacy and is still full of bustle. Classic Parisian brasserie food – seafood platters, steaks with creamy sauces – is recommended. A place I always enjoy revisiting.

Diese große und berühmte Brasserie wurde 1927 eröffnet. Obwohl der prachtvoll gestaltete Art-déco-Saal riesig ist, herrscht doch eine intime Atmosphäre. Die Brasserie ist immer voller Geschäftigkeit. Hier bestellt man das klassische Pariser Brasserie-Menü mit Meeresfrüchteplatten, Steaks und dicken Saucen. Mir macht es immer wieder Spaß, dorthin zurückzukehren.

Cette célèbre brasserie, la plus grande de Paris, a été ouverte en 1927. Bien que la superbe salle Art Déco soit immense, il y règne une ambiance d'intimité et le personnel s'affaire. À côté des spécialités maison, on peut commander ici le menu typique de brasserie : plateau de fruits de mer, steaks servis avec des sauces épaisses. On y vient et on y revient avec plaisir.

History: Opened in 1927.
Interior: Magnificently designed Art Déco dining-room.
Open: Sun–Thurs 11:30 am–1 am, Fri/Sat 11:30 am–1:30 am | Breakfast 8:30 am–11 am.
Prices: 24–31 € set menu.

Geschichte: 1927 eröffnet.
Interieur: Prachtvoll gestalteter Art-déco-Saal.
Öffnungszeiten: So–Do 11.30–1 Uhr, Fr/Sa 11.30–1.30 Uhr | Frühstück 8.30–11 Uhr.
Preise: 24–31 € Menü.

Histoire : Ouvert en 1927.
Décoration intérieure : Somptueuse salle Art Déco.
Horaires d'ouverture : Dim–Jeu 11h30–1h du matin, Ven/Sam 11h30–1h30 du matin | Petit-déjeuner 8h30–11h.
Prix : 24–31 € menu.

Shops

Colette

Louis Vuitton

Jean Paul Gaultier

TATI

HERMÈS
PARIS

Chanel

Baccarat

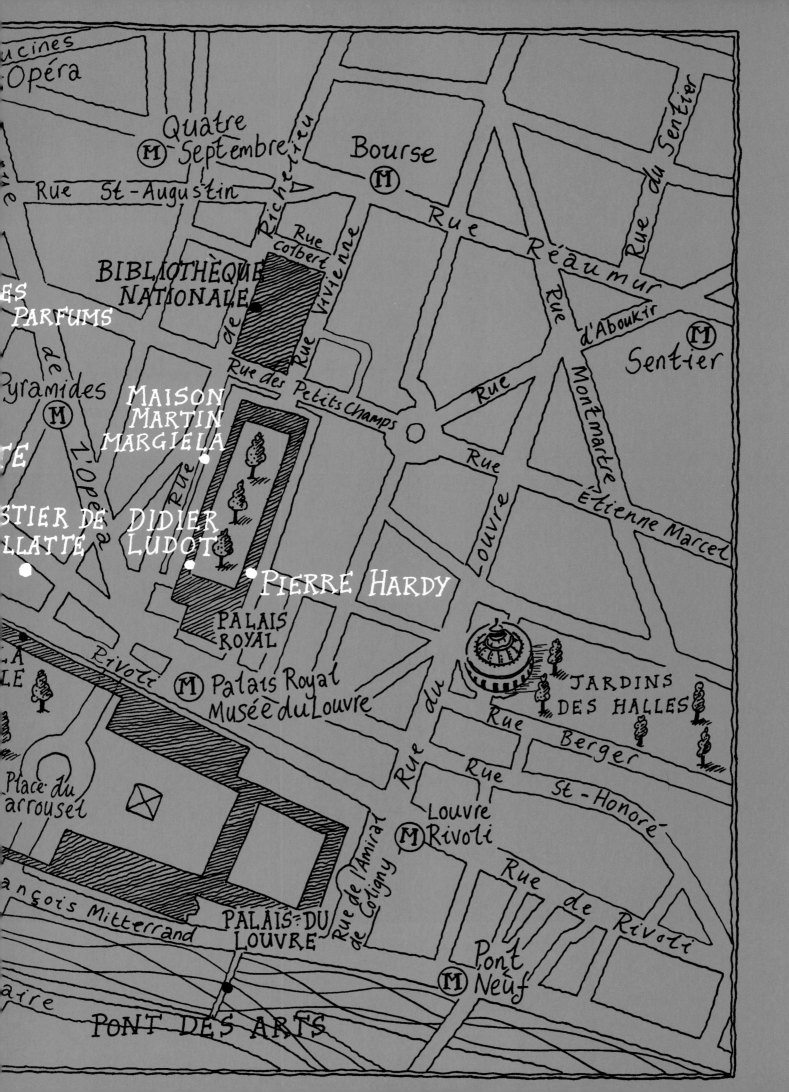

Chanel

29–31, rue Cambon, 75001 Paris
☎ +33 1 42 86 26 00
www.chanel.com
Métro: Concorde/Madeleine

In 1910 the French milliner Gabrielle Chanel opened her first shop at this address: Chanel Modes. As Coco Chanel she invented the little black dress and became a legend with the perfume "Chanel No. 5", launched in 1921. The shop and the three rooms opposite in rue Cambon are to this day the headquarters of the Chanel empire, which is now run by Karl Lagerfeld.

An dieser Adresse eröffnete 1910 die französische Hutmacherin Gabrielle Chanel ihren ersten Laden: Chanel Modes. Als Coco Chanel erfand sie das Kleine Schwarze und wurde mit dem Parfum „Chanel No. 5", das sie 1921 lancierte, zur Legende. Der Laden und die darüberliegenden Räume in der rue Cambon sind noch heute Stammsitz des Imperiums Chanel, über das inzwischen Karl Lagerfeld herrscht.

C'est à cette adresse que la modiste française Gabrielle Chanel ouvrit sa boutique Chanel Modes en 1910. Sous le nom de Coco Chanel, elle créa sa fameuse petite robe noire et entra dans la légende avec son parfum « N° 5 » lancé en 1921. La boutique de la rue Cambon et les pièces situées à l'étage sont aujourd'hui encore le siège de l'empire Chanel sur lequel règne maintenant Karl Lagerfeld.

Open: Mon–Sat 10 am–7 pm
X-Factor: Coco Chanel opened her first atelier in this building.
More: "Fashion comes and goes. Style stays," said Coco Chanel and this conviction has been pursued here since 1910. The tweed costumes and "Chanel No. 5" are legendary.

Öffnungszeiten: Mo–Sa 10–19 Uhr
X-Faktor: In diesem Haus eröffnete Coco Chanel ihr erstes Atelier.
Außerdem: „Mode geht. Stil bleibt", sagte Coco Chanel – diesem Credo folgt man hier seit 1910. Legendär sind die Tweedkostüme und „Chanel No. 5".

Horaires d'ouverture : Lun–Sam 10h–19h
Le « petit plus » : C'est dans cette maison que Coco Chanel a ouvert son premier atelier.
Et aussi : « La mode passe, le style reste » a dit Coco Chanel – une devise à laquelle on reste fidèle ici depuis 1910. Les tailleurs en tweed et le « N° 5 » sont légendaires.

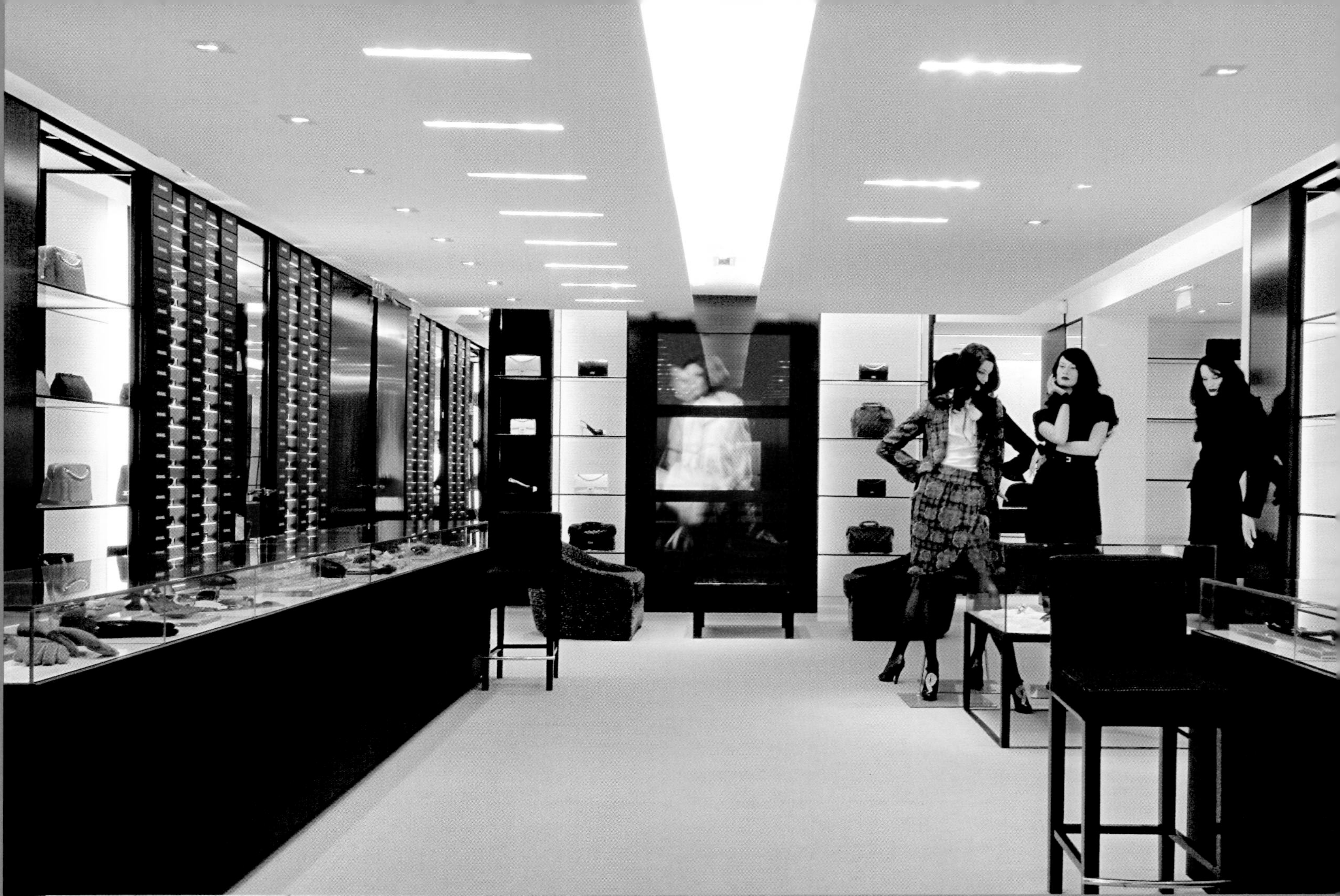

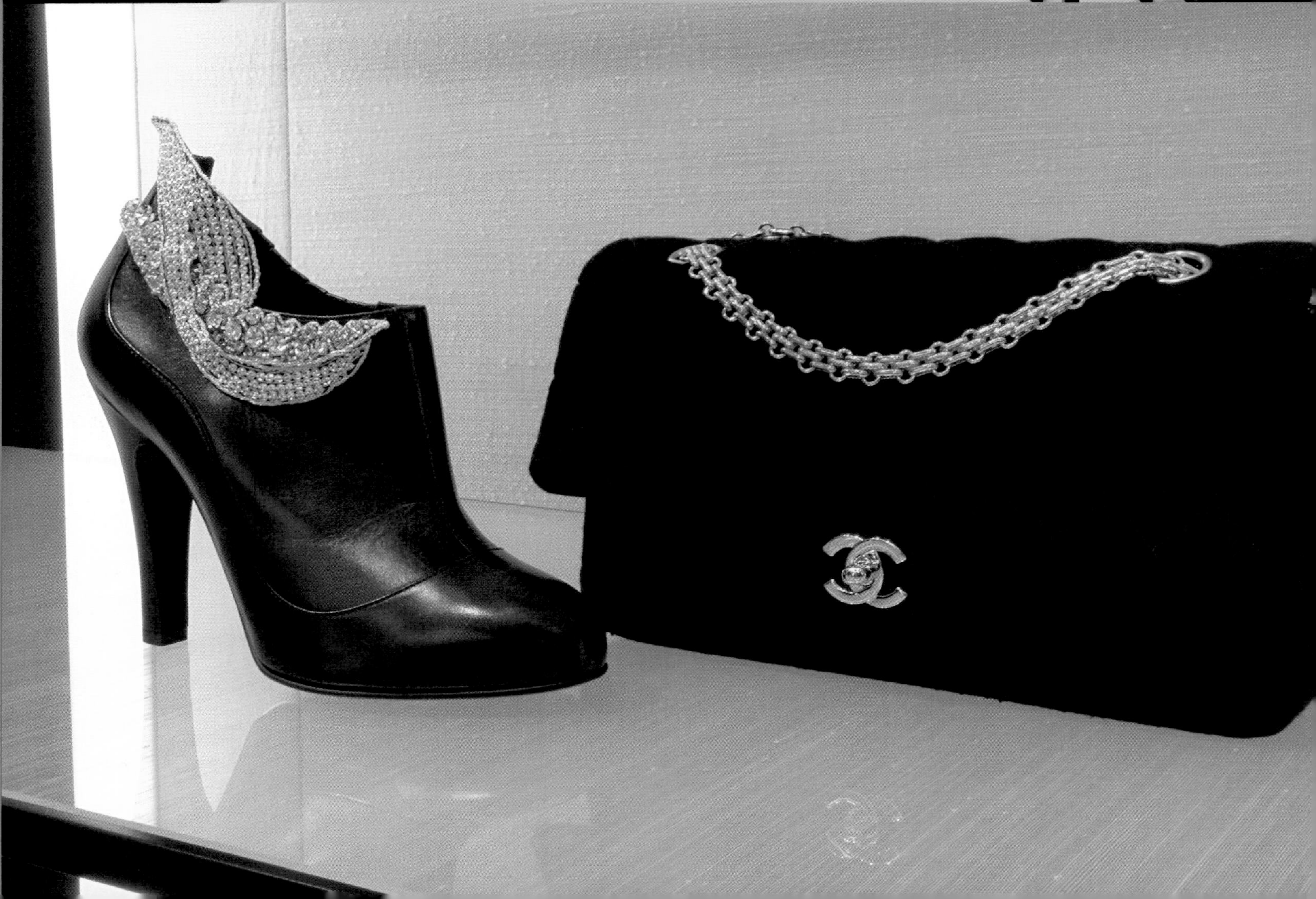

Colette

213, rue St-Honoré, 75001 Paris
☎ +33 1 55 35 33 90
www.colette.fr
Métro: Tuileries

The pioneer concept store: three floors of hand-picked fashion, design, books, cosmetics, electronic equipment, a photo gallery and a water bar in the basement, where vegetarian snacks are also served. Shoulder to shoulder with such well-established brands as Jil Sander, Prada and Dries van Noten, you can find smaller and younger labels, such as Haider Ackerman or Lutz & Patmos. There are new and interesting international publications on the bookshelves.

Der Concept-Store der ersten Stunde: drei Etagen mit handverlesener Mode, Design, Büchern, Kosmetik, Elektronik, einer Fotogalerie und einer Wasser-Bar im Untergeschoss (dort werden auch vegetarische Snacks serviert). Neben etablierten Marken wie Jil Sander, Prada und Dries van Noten sind auch kleinere und jüngere Label vertreten – zum Beispiel Haider Ackerman oder Lutz & Patmos. Auf den Büchertischen liegen interessante internationale Neuerscheinungen.

Concept Store de la première heure : mode, design, livres, produits de beauté, électronique, une galerie photo sur trois étages et un bar à eau au sous-sol (où l'on sert aussi des snacks végétariens). À côté de marques comme Jil Sander, Prada et Dries van Noten, on y trouve aussi des labels plus jeunes et plus récents – par exemple Haider Ackerman ou Lutz & Patmos. Sur les tables à livres s'empilent de nouvelles parutions internationales dignes d'intérêt.

Open: Mon–Sat 11 am–7 pm
X-Factor: Bump into Karl Lagerfeld doing his shopping, and over there in the gallery Helena Christensen is exhibiting her photos.
More: The first concept store of 1997 sells design and life-style articles today which are the trends of tomorrow.

Öffnungszeiten: Mo–Sa 11–19 Uhr
X-Faktor: Man kann hier schon einmal Karl Lagerfeld beim Einkauf treffen, während Helena Christensen ihre Fotografien in der Galerie ausstellt.
Außerdem: Der erste Concept-Store von 1997 verkauft schon heute Design- und Lifestyle-Artikel, die erst morgen Trend sind.

Horaires d'ouverture : Lun–Sam 11h–19h
Le « petit plus » : Vous pouvez croiser Karl Lagerfeld en train de faire ses achats et des stars comme Helena Christensen exposent leurs photographies dans la galerie.
Et aussi : Le premier concept store de 1997 vend aujourd'hui des produits design et lifestyle qui feront la mode de demain.

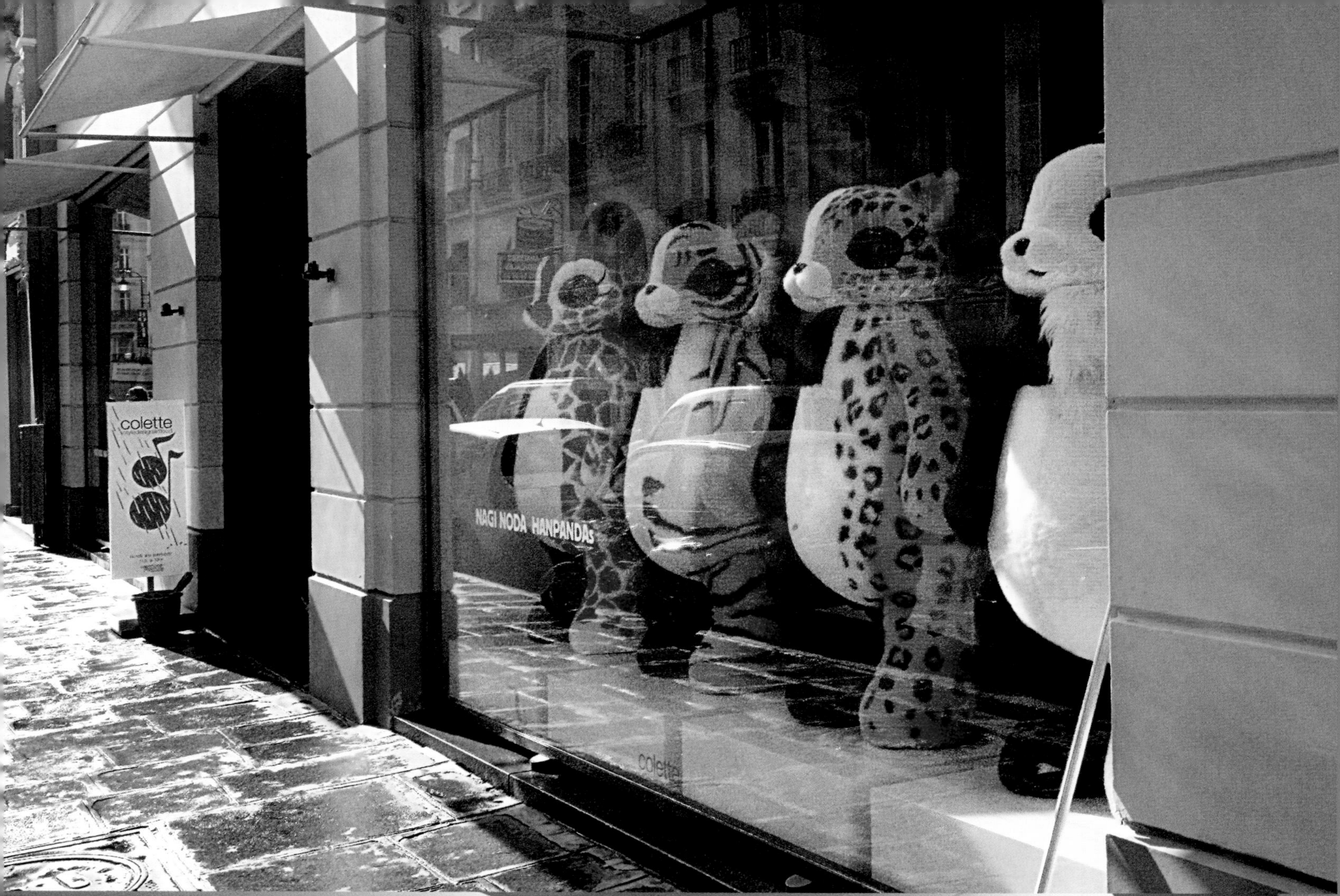
colette
NAGI NODA HANPANDAS

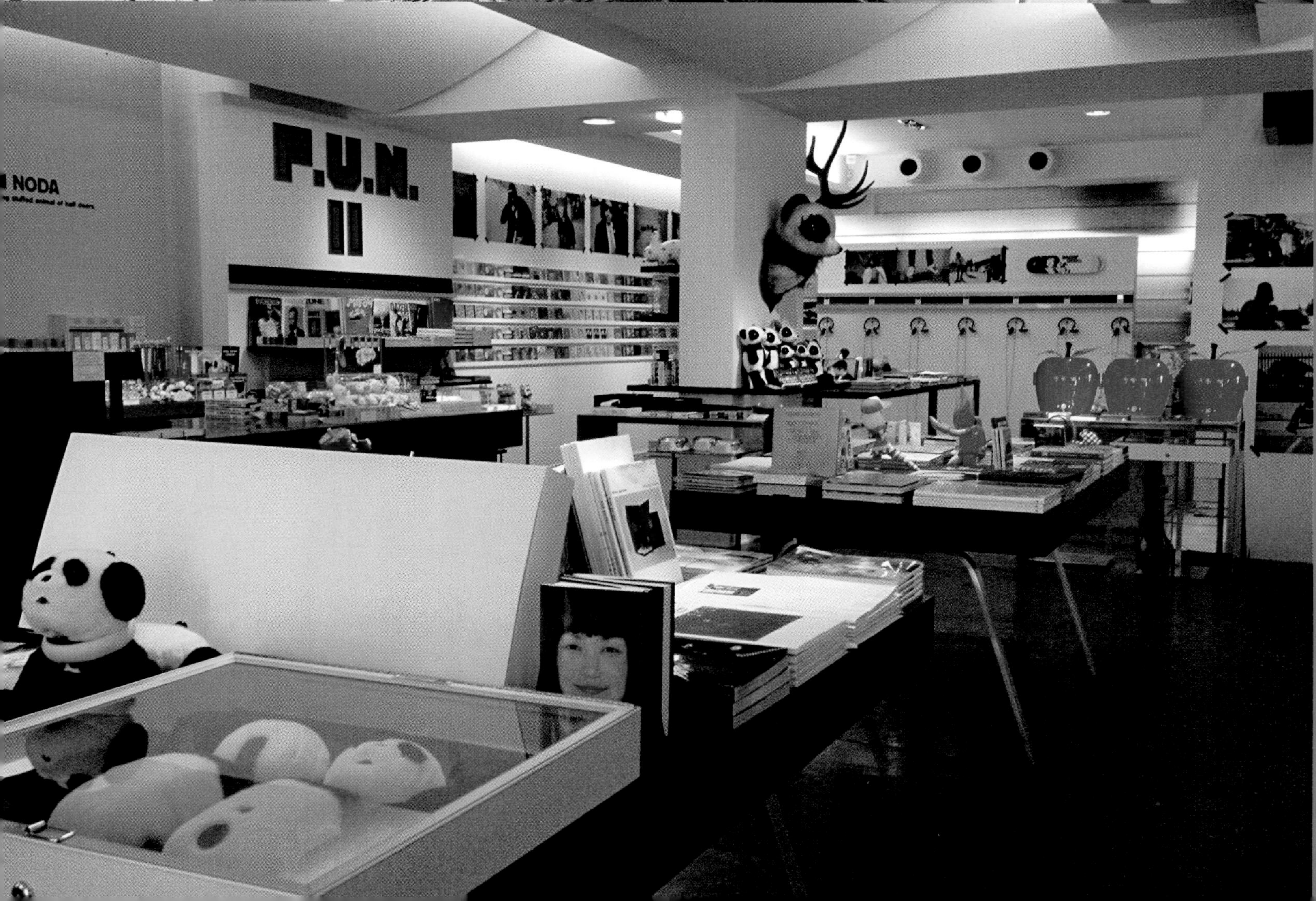
F.U.N.
II
NODA

Comme des Garçons Parfums

23, Place du Marché St-Honoré, 75001 Paris
☎ +33 1 47 03 15 03
Métro: Tuileries/Pyramides

The London architect's office Future Systems designed the pink façade. Rei Kawabuko chose Paris as the sole location in the world for her perfume shop. It is worth having a sniff of the unusual fragrances for men. I especially love the perfumed candles myself, which are named after five holy towns: Jaisalmer, Zagorsk, Tokyo, Avignon and Quarzazate. Yet another special gift.

Die pinkfarbene Fassade wurde vom Londoner Architekturbüro Future Systems entworfen. Rei Kawabuko wählte Paris als einzigen Ort der Welt für ihren Parfumladen. Die ausgefallenen Duftnoten für Männer sind ein Schnuppern wert. Ich selbst liebe vor allem die Duftkerzen, die nach fünf heiligen Städten benannt sind: Jaisalmer, Zagorsk, Tokyo, Avignon und Quarzazate, auch immer wieder ein besonderes Geschenk.

La façade rose bonbon a été dessinée par le cabinet d'architectes londoniens Future Systems. Rei Kawabuko a choisi Paris pour y ouvrir sa seule parfumerie Très originales, les senteurs pour homme valent qu'on s'y arrête un moment. Pour ma part, j'aime surtout les bougies odorantes nommées d'après cinq villes saintes : Jaisalmer, Zagorsk, Tokyo, Avignon et Ouarzazate. C'est toujours un cadeau qui sort de l'ordinaire.

Open: Mon–Sat 11 am–7 pm
X-Factor: The perfumed candles named after five holy cities.
More: Rei Kawakubo considers perfumes to be an experimental field and presents them in a futuristic ambience.

Öffnungszeiten: Mo–Sa 11–19 Uhr
X-Faktor: Die Duftkerzen, benannt nach fünf heiligen Städten.
Außerdem: Parfums bezeichnet Rei Kawakubo als Experimentierfeld – und präsentiert sie in futuristischem Ambiente.

Horaires d'ouverture : Lun–Sam 11h–19h
Le « petit plus » : Les bougies parfumées portant le nom des cinq villes saintes.
Et aussi : Pour Rei Kawakubo, les parfums sont un champ d'expérimentation qu'il présente dans une ambiance futuriste.

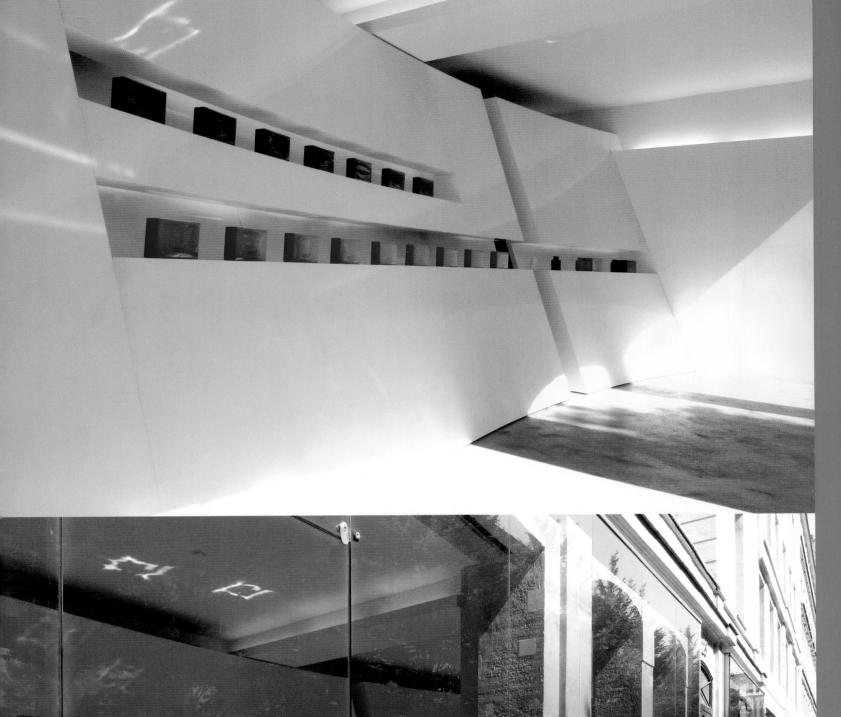

Chocolat Michel Cluizel

201, rue St-Honoré, 75001 Paris
☎ +33 1 42 44 11 66
www.chocolatmichelcluizel.com
Métro: Tuileries/Pyramides

Michel Cluizel has been manufacturing chocolate since 1948 and today exports to gourmet shops throughout the whole world. In his Paris shop, chocolate even flows from a copper fountain, its inimitable smell tempting the customer to make umpteen purchases. The orange or coffee flavoured dark chocolate are just two of the best variations, always fresh, always of the highest quality and packed in elegant black paper.

Michel Cluizel produziert seit 1948 Schokolade und exportiert sie heute in Delikatessenläden auf der ganzen Welt. In seinem Pariser Geschäft gibt es sogar einen Kupferbrunnen, aus dem Schokolade fließt – sein unvergleichlicher Duft verführt zu zahlreichen Einkäufen. Zu den besten Variationen der in edles schwarzes Papier verpackten Sorten gehören die dunkle Schokolade mit Orangen- und Kaffeearoma, immer ganz frisch und in allerhöchster Qualität.

Chocolatier depuis 1948, Michel Cluizel exporte ses produits dans le monde entier. Dans sa boutique parisienne on trouve même une fontaine en cuivre remplie de chocolat dont l'incomparable parfum incite à une débauche d'achats. Parmi les meilleures variations de tablettes de chocolat enveloppées dans un élégant papier noir, n'oublions pas de citer le chocolat noir aux écorces d'orange et le chocolat noir au café. Tous les produits sont très frais et de grande qualité.

Open: Mon–Sat 10 am–7 pm
X-Factor: A chocolate fountain and a large selection of chocolate bars, chocolates and macaroons.
More: Everyone will find a souvenir they can afford here.

Öffnungszeiten: Mo–Sa 10–19 Uhr
X-Faktor: Schokoladenbrunnen und große Auswahl an Schokoladentafeln, Pralinen und Makronen.
Außerdem: Hier findet man Mitbringsel in jeder Preiskategorie.

Horaires d'ouverture : Lun–Sam 10h–19h
Le « petit plus » : Fontaine de chocolat et grande sélection de tablettes de chocolat, pralines et macarons.
Et aussi : Petits cadeaux-souvenirs pour toutes les bourses.

Astier de Villatte

173, rue St-Honoré, 75001 Paris
☎ +33 1 42 60 74 13
www.astierdevillatte.com
Métro: Palais Royal Musée du Louvre

Astier de Villatte sells extremely beautiful decorative ceramics. Everything is glazed white, with uneven surfaces and irregular forms. The ceramics have a unique, almost indescribable appeal, bearing not the faintest resemblance to rustic pottery. It's also worth having a look at the very original website.

Astier de Villatte verkauft wunderschöne, dekorative Keramik. Alle Stücke sind weiß lasiert und haben unebene Oberflächen und unregelmäßige Formen, sie haben eine ganz eigene, kaum zu beschreibende Note – mit bäuerlicher Töpferware haben sie jedenfalls nichts zu tun. Die originelle Website ist ebenfalls einen Besuch wert.

Astier de Villatte vend de merveilleuses céramiques décoratives. Toutes les pièces sont recouvertes d'un glacis blanc et présentent une surface et des formes irrégulières – elles n'ont rien à voir avec la poterie rustique traditionnelle. Le site Web et ses cartes de tarot vaut également la visite.

Open: Mon–Sat 11 am–7:30 pm
X-Factor: The series of octagonal crockery named Révolution.
More: The Astier de Villatte factory is famous for its white-glazed ceramics, many of which recall the France of days gone by.

Öffnungszeiten: Mo–Sa 11–19.30 Uhr
X-Faktor: Die achteckige Geschirrlinie „Révolution".
Außerdem: Die Manufaktur Astier de Villatte ist für weiß lasierte Keramikwaren bekannt – viele erinnern an das Frankreich vergangener Zeiten.

Horaires d'ouverture : Lun–Sam 11h–19h30
Le « petit plus » : La ligne de vaisselle octogonale nommée Révolution.
Et aussi : La manufacture Astier de Villatte est connue pour ses pièces de céramique émaillées de blanc dont plusieurs évoquent la France de l'ancien temps.

Maison Martin Margiela

25 bis, rue de Montpensier, 75001 Paris
☎ +33 1 40 15 07 55
www.maisonmartinmargiela.com
Métro: Palais Royal Musée du Louvre

The Belgian fashion designer based in Paris would like to remain anonymous and never appears in public. His white, unnamed label is printed with an encircled number from 0 to 23 and serves as a secret code, only evident from outside through four large stitches at the corners. In a day and age where narcissistic star designers love the limelight, where the fashion world is obsessed with designer logos, his boutique is a refreshing change from the standard Paris fashion.

Der belgische Modeschöpfer mit Sitz in Paris möchte anonym bleiben, er tritt öffentlich nicht in Erscheinung. Sein weißes namenloses Label ist mit umkreisten Zahlen von 0 bis 23 bedruckt und funktioniert wie eine Art Geheimcode, von außen nur sichtbar durch vier grobe Stiche an den Ecken. In einer Zeit, in der sich Stardesigner selbstverliebt inszenieren und sich die Modewelt derart Logo-verliebt präsentiert, ist seine Boutique eine willkommene Abwechslung zur üblichen Pariser Mode.

Le styliste belge, installé à Paris, désire rester anonyme, il ne paraît pas en public. Son label blanc, dépourvu de nom, est imprimé de chiffres encerclés allant de 0 à 23 et ressemblant à un code secret, visible seulement de l'extérieur par quatre gros points de couture sur les côtés. À une époque où certains grands stylistes pratiquant le culte du moi font tout pour se mettre en scène et où le monde de la mode est si entiché des marques, cette boutique nous change agréablement du reste de la mode parisienne.

Open: Mon–Sat 11 am–7 pm
X-Factor: The "deconstructed" fashion with the seams on the outside.
More: Margiela's trademark is the label without any name, only numbers. Even his boutique is presented without frills.

Öffnungszeiten: Mo–Sa 11–19 Uhr
X-Faktor: Die „dekonstruierte" Mode, bei der die Nähte außen liegen.
Außerdem: Margielas Markenzeichen ist das namenlose Label, auf dem nur Zahlen stehen. Auch seine Boutique gibt sich schnörkellos.

Horaires d'ouverture : Lun–Sam 11h–19h
Le « petit plus » : La mode « déconstruite » où les coutures se trouvent à l'endroit.
Et aussi : La caractéristique de Margiela est son label qui ne porte que des chiffres. Sa boutique est également très sobre.

Pierre Hardy

Jardin du Palais Royal
156, Galerie de Valois, 75001 Paris
☎ +33 1 42 60 59 75
www.pierrehardy.com
Métro: Palais Royal Musée du Louvre

Pierre Hardy used to work for Hermès, where he designed the women's shoe collection first of all, closely followed by the men's. He has had his own collection since 1999. His creations are deservedly called "high heels": most of the heels are dizzyingly high. The unique models are presented in extremely minimalist sales rooms, where nothing can distract from the details of the glamorous designs.

Pierre Hardy hat früher bei Hermès gearbeitet und dort erst die Schuhkollektion für Damen, dann die für Herren entworfen. Seit 1999 hat er eine eigene Kollektion. Seine Werke verdienen den Namen „High Heels" zu Recht: Die Absätze sind zumeist schwindelerregend hoch. Die einzigartigen Kreationen werden in absolut minimalistischen Verkaufsräumen präsentiert, wo nichts von den Details des glamourösen Designs ablenkt.

Pierre Hardy a autrefois travaillé chez Hermès, y créant d'abord la collection de chaussures Femme, puis Homme. Depuis 1999 il signe sa propre collection. Ses œuvres méritent bien le nom de « hauts-talons » puisque la plupart des talons sont à vous donner le vertige. Ses chaussures sont présentées dans des espaces de vente parfaitement minimalistes où rien ne peut détourner l'attention du design glamoureux.

Open: Mon–Sat 11 am–7 pm
X-Factor: The new handbags, which have already become collector's items.
More: Pierre Hardy used to be in charge of the shoe page in VOGUE Homme. Today he designs shoes for stars like Nicole Kidman.

Öffnungszeiten: Mo–Sa 11–19 Uhr
X-Faktor: Die neuen Handtaschen, die schon Sammlerstücke sind.
Außerdem: Bei der VOGUE Homme betreut Pierre Hardy einst die Schuhseite – heute entwirft er Modelle für Stars wie Nicole Kidman.

Horaires d'ouverture : Lun–Sam 11h–19h
Le « petit plus » : Les nouveaux sacs qui sont déjà des objets de collection.
Et aussi : Pierre Hardy s'est chargé jadis de la page chaussures pour VOGUE Homme. Aujourd'hui, il crée des modèles pour des stars comme Nicole Kidman.

Didier Ludot

Jardin du Palais Royal
20–24, Galerie Montpensier, 75001 Paris
☎ +33 1 42 96 06 56
www.didierludot.com
Métro: Palais Royal Musée du Louvre

Both of Didier Ludot's boutiques in the Palais Royal are institutions in the fashion metropolis Paris. They are considered living archives of haute couture. This is where internationally successful models come when they are in town on a visit. In the first shop you can buy haute couture designs from the entire 20th century, such as by Dior, Courrèges, Balenciaga and Cardin – and next door the accessories, be it a Hermès bag, a Pucci scarf or Chanel jewellery.

Die beiden Boutiquen von Didier Ludot im Palais Royal sind Institutionen in der Mode-Metropole Paris. Sie gelten als lebende Archive der Haute Couture – hierher kommen auch die international erfolgreichen Models, wenn sie zu Schauen in der Stadt sind. Im ersten Laden kann man Haute-Couture-Modelle aus dem gesamten 20. Jahrhundert kaufen (z. B. von Dior, Courrèges, Balenciaga und Cardin) und gleich nebenan Accessoires – von Hermès-Taschen über Pucci-Schals bis zu Chanel-Schmuck.

Les deux boutiques de Didier Ludot au Palais Royal sont des institutions dans la métropole de la mode qu'est Paris. Elles sont des archives vivantes de la Haute Couture – c'est ici que viennent aussi les top-modèles internationales, lorsqu'elles font des défilés en ville. La première boutique offre des modèles de la Haute Couture du 20e siècle (par exemple de Dior, Courrèges, Balenciaga et Cardin). Juste à côté on trouve les accessoires – des sacs Hermès aux bijoux Chanel en passant par les écharpes de Pucci.

Open: Mon–Sat 10:30 am–7 pm
X-Factor: Vintage haute couture.
More: The two little shops are simply unique, with a wide selection ranging from daily wear to evening fashion, shoes and accessories.

Öffnungszeiten: Mo–Sa 10.30–19 Uhr
X-Faktor: Vintage-Haute-Couture.
Außerdem: Die beiden kleinen Läden sind einzigartig. Das Angebot umfasst Tagesgarderobe, Abendmode, Schuhe und Accessoires.

Horaires d'ouverture : Lu–Sa 10h30–19h
Le « petit plus » : Vintage haute couture
Et aussi : Les deux boutiques sont uniques en leur genre. Elle offre des tenues de jour et de soirée, des chaussures et des accessoires.

Hermès

24, rue du Faubourg St-Honoré, 75008 Paris
☎ +33 1 49 92 38 92
www.hermes.com
Métro: Concorde/Madeleine

The house of Hermès rose to fame with its saddles, which were once delivered to all the courts in Europe. The company opened its first business at this location in rue du Faubourg St-Honoré in 1889. Hermès articles have become cult objects and the shop displays its world-famous range here, from silk scarves to Kelly and Birkin bags, and even dog collars. You can expect the highest of quality – a Hermès scarf or belt is forever.

Berühmt wurde das Haus Hermès durch seine Pferdesattel, die einst an alle Höfe Europas geliefert wurden. An dieser Stelle der rue du Faubourg St-Honoré eröffnete das Unternehmen 1889 sein erstes Geschäft. Heute ist Hermès Kult und bietet hier sein weltbekanntes Sortiment an – vom Seidentuch über die Kelly oder Birkin Bag bis zum Hundehalsband. Allerhöchste Qualität ist selbstverständlich – ein Hermès-Tuch oder einen Gürtel kauft man fürs Leben.

La maison Hermès devint célèbre grâce à sa selle de cheval livrée jadis à toutes les cours d'Europe. C'est à cet endroit de la rue du Faubourg St-Honoré que l'entreprise ouvrit son premier magasin en 1889. De nos jours, Hermès continue d'y vendre ses produits connus dans le monde entier, du carré en soie au collier pour chien, en passant par le sac Kelly ou Birkin. Un foulard ou une ceinture Hermès est quelque chose qui s'achète pour la vie.

Open: Mon–Sat 10:30 am–6:30 pm
X-Factor: Classics such as the Birkin Bag or the Kelly Bag. Even celebrities queue up for these.
More: Here you can find the legends of the label, for example the "Carré Hermès", based on the scarves of Napoleon's soldiers.

Öffnungszeiten: Mo–Sa 10.30–18.30 Uhr
X-Faktor: Klassiker wie die Birkin Bag und die Kelly Bag, für die selbst VIPs Schlange stehen.
Außerdem: Hier findet man die Legenden des Labels – etwa das „Carré Hermès", das den Schals von Napoleons Soldaten nachempfunden wurde.

Horaires d'ouverture : Lun–Sam 10h30–18h30
Le « petit plus » : Des classiques comme le sac Birkin ou le sac Kelly pour lesquels même les VIP font la queue.
Et aussi : C'est ici qu'on trouve les articles légendaires de la marque, comme le « Carré Hermès » inspiré de l'écharpe que portaient les soldats de Napoléon Ier.

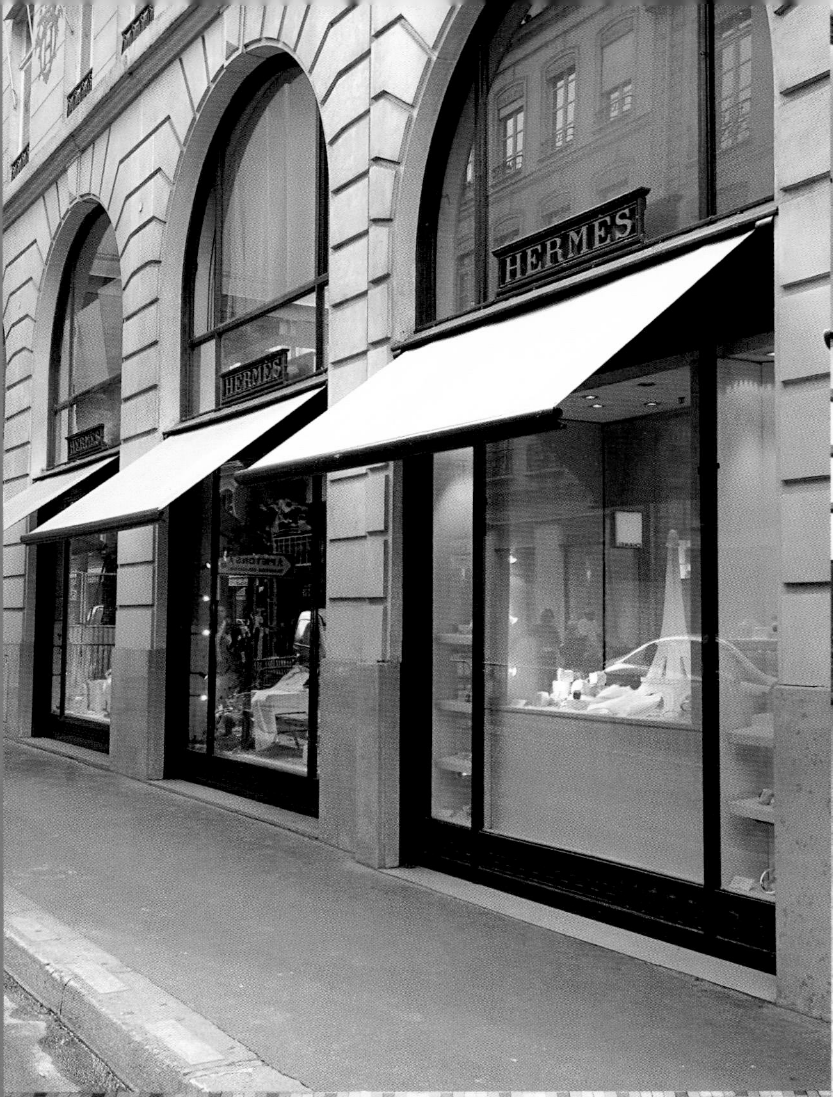
HERMES
HERMES

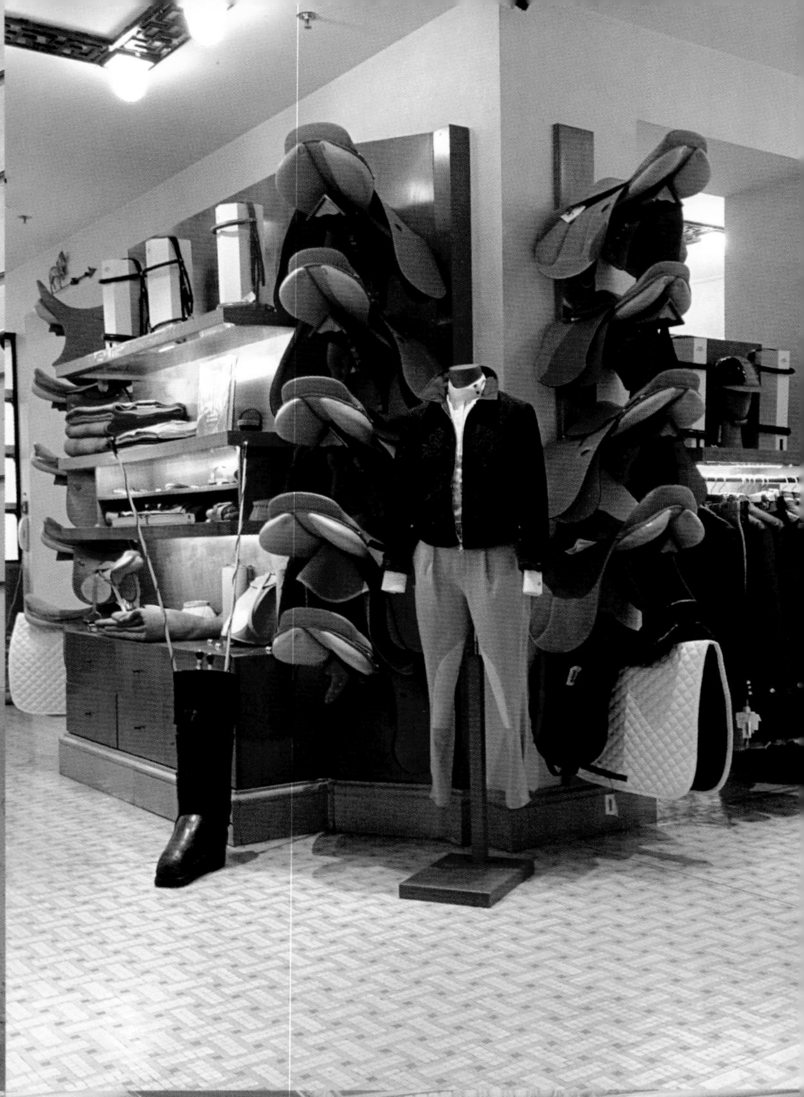

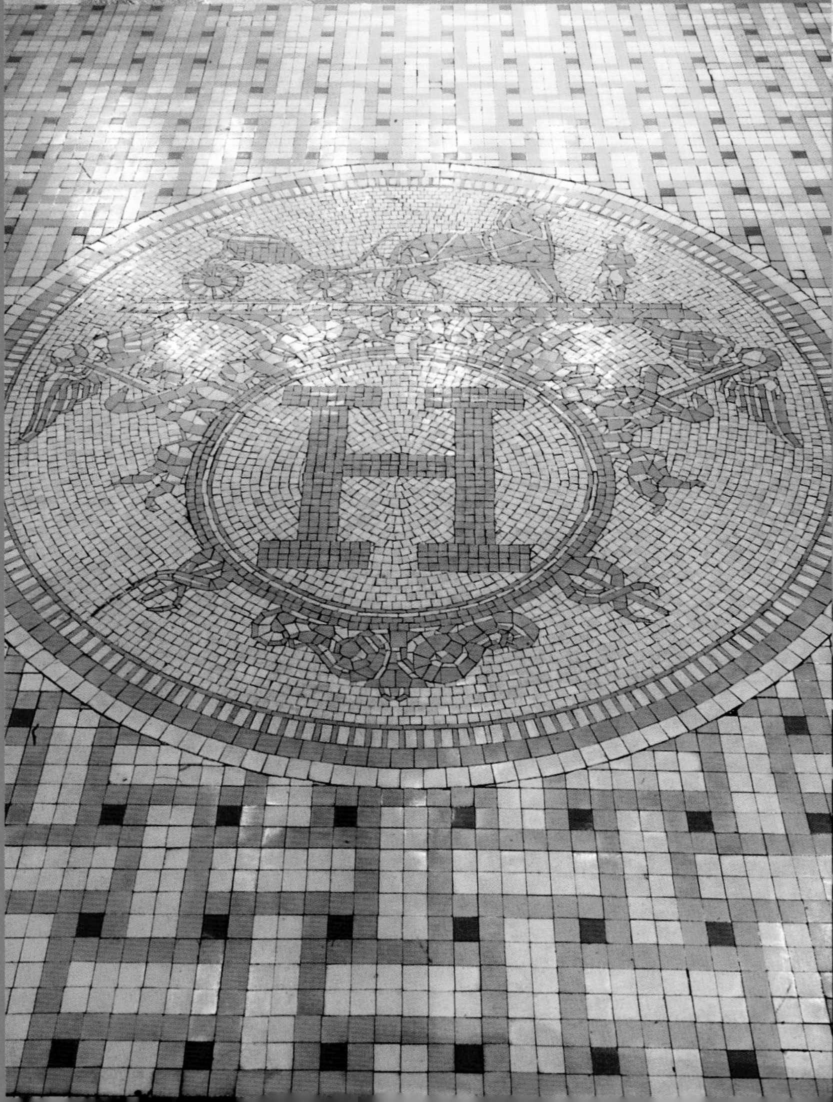

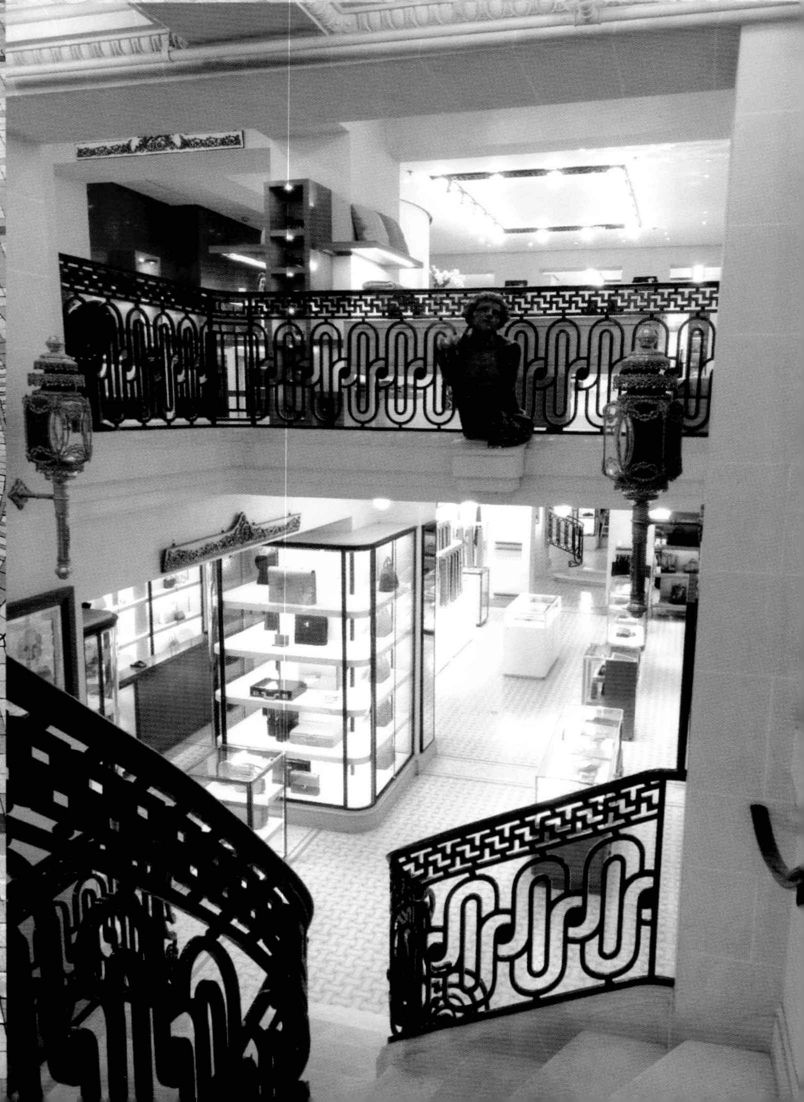

Comme des Garçons

54, rue du Faubourg St-Honoré, 75008 Paris
☏ +33 1 53 30 27 27
Métro: Concorde/Madeleine

Only a small doorbell gives an indication of the presence of the shop in the courtyard, where Rei Kawabuko has set up one of the most unusual boutiques on rue du Faubourg St-Honoré. In an austere environment, she presents her avant-garde designs for the Japanese fashion label (for men and women). An insider tip and an unconventional alternative to all the French boutiques in the neighbourhood.

Nur ein kleines Klingelschild weist auf den Laden im Hinterhof, in dem Rei Kawabuko eine der ungewöhnlichsten Boutiquen entlang der rue Faubourg St-Honoré eingerichtet hat. Hier präsentiert sie in schlichter Umgebung ihre avantgardistischen Entwürfe für das japanische Modelabel (für Männer und Frauen). Ein Tipp für Insider und eine unkonventionelle Abwechslung zu all den französischen Boutiquen in der Nachbarschaft.

Dans la rue du Faubourg St-Honoré, seule une petite sonnette indique le magasin situé dans l'arrière-cour, où Rei Kawabuko a aménagé son extraordinaire boutique. Dans un cadre sobre, la styliste présente ses créations avant-gardistes pour la marque japonaise (mode féminine et masculine). Un bon tuyan. Le non-conformisme des lieux nous change des boutiques du voisinage.

Open: Mon–Sat 11 am–7 pm
X-Factor: The chili-pepper red chill-out lounge.
More: Rei Kawakubo displays her collection for men and women in award-winning interior design.

Öffnungszeiten: Mo–Sa 11–19 Uhr
X-Faktor: Die knallrote Chill-out-Lounge.
Außerdem: In preisgekröntem Interior-Design zeigt Rei Kawakubo ihre Kollektion für Damen und Herren.

Horaires d'ouverture : Lun–Sam 11h–19h
Le « petit plus » : La Chill out-Lounge rouge vif.
Et aussi : Rei Kawakubo présente ses collections pour femmes et pour hommes dans un intérieur design qui a été primé.

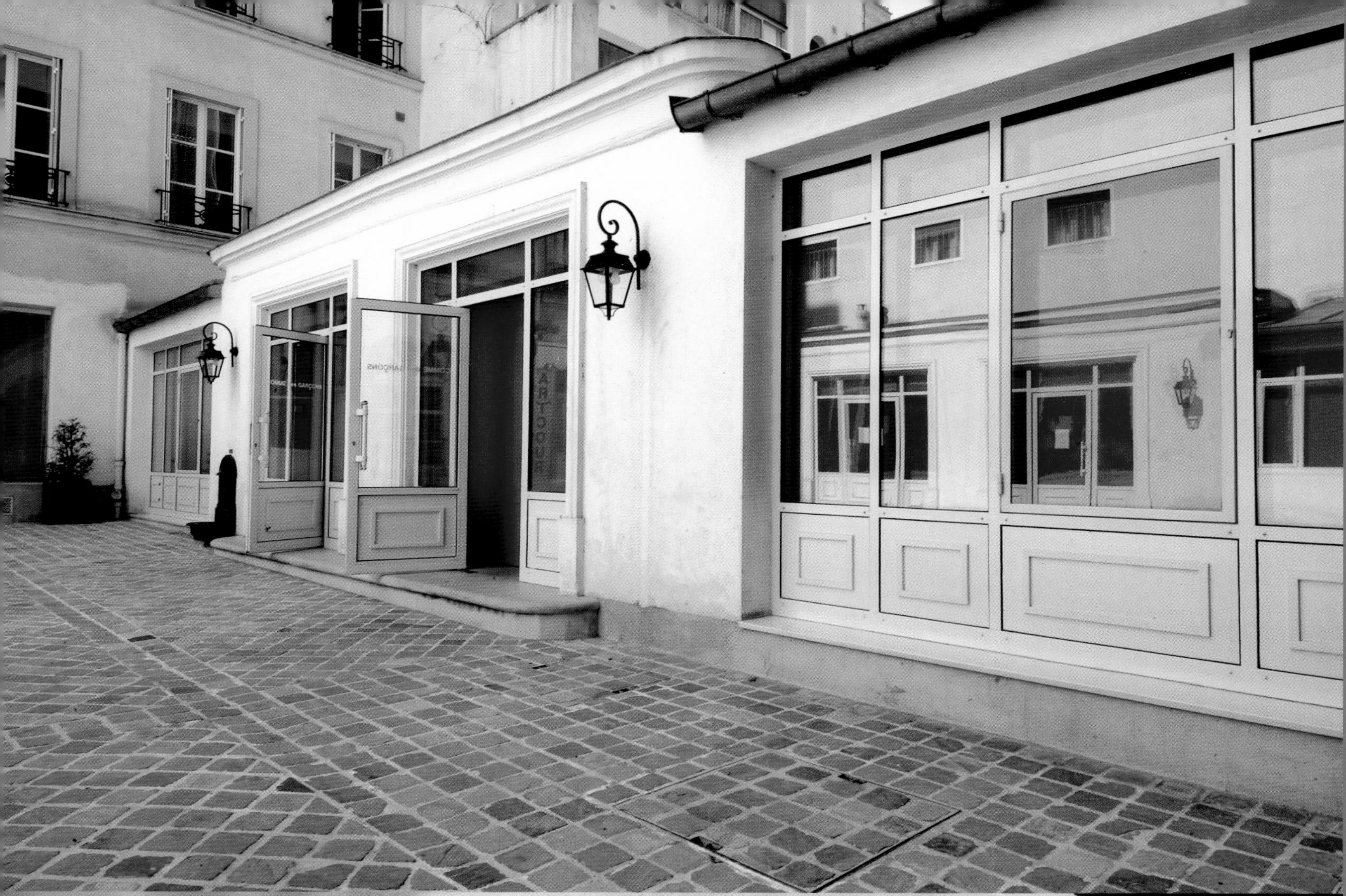

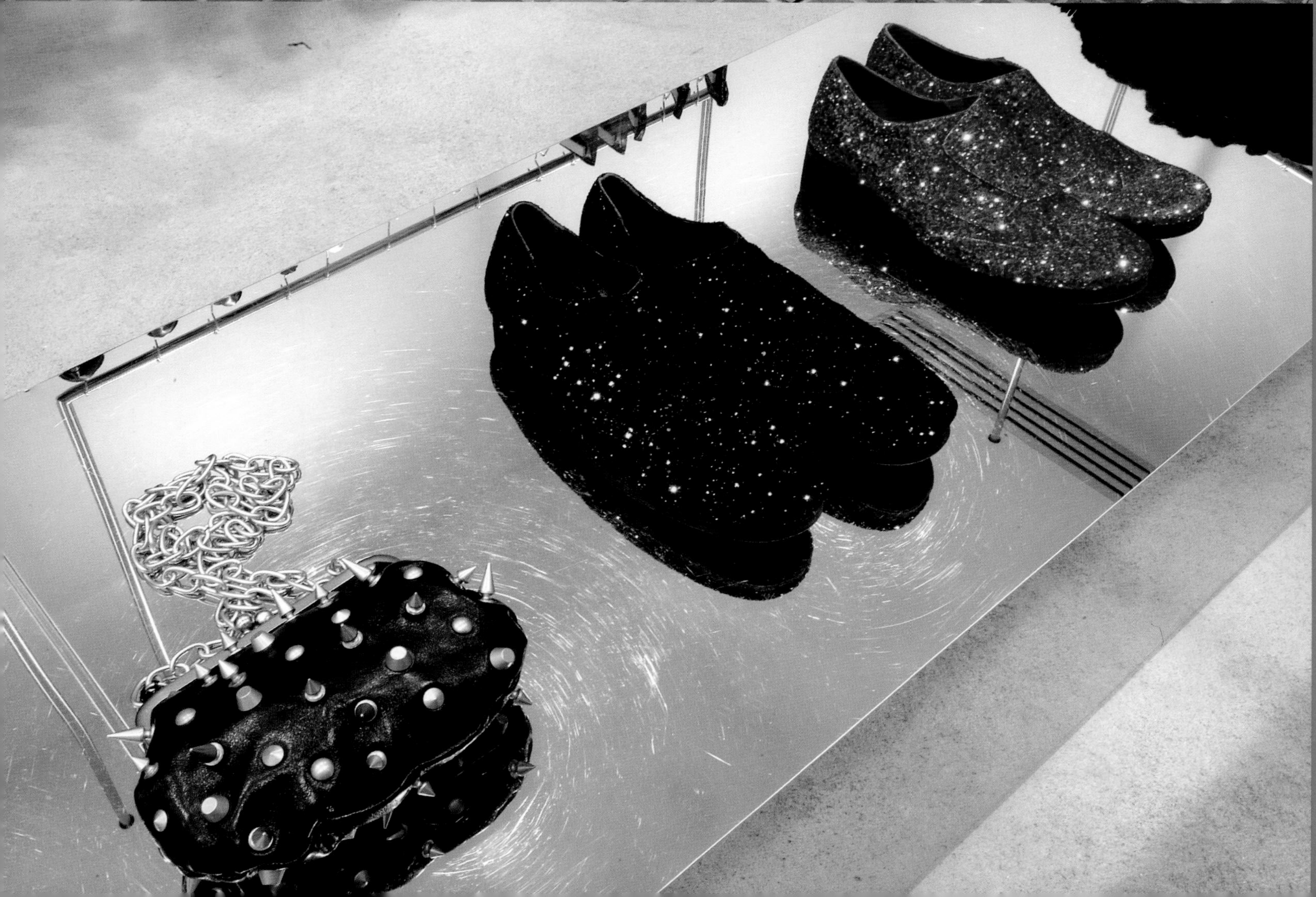

Ave. Foch

Ave.

Rue de la Pompe

Avenue

Ave. Bugeaud

Avenue Victor Hugo

Victor Hugo

(M) Victor Hugo

Place Victor Hugo

Lauriston

Raymond

Rue Boissière

Rue

Poincaré

Ave. d'Eylau

Place du Trocadéro et du 11 Novembre

(M)

Trocadéro

MUSÉE DE LA MARINE

PALAIS DE CHAILLOT

JARDINS DU TROCADÉRO

Place de Varsovie

(M) Kléber

Kléber

Kléber

LA MAISON DE BACCARAT

(M) Boissière

Boissière

Avenue

Rue

de Lubeck

Ave. d'Iéna

Avenue du

Avenue

(M) Iéna

Iéna

ARC DE TRIOMPHE

(M) Char

Avenue D'Iéna

Avenue

Rue

Rue de Chaill

Avenue Pierre 1er

PALAI GALLI

Président Wils

Ave. de New York

MUSÉE DU QUAI DE BRAN

Quai

Bran

L V

Rue de V

Louis Vuitton

101, Avenue des Champs-Élysées, 75008 Paris
☎ +33 1 53 57 52 00
www.louisvuitton.com
Métro: George V

The Louis Vuitton flagship on the Champs-Élysées was opened in October 2005. A genuine boutique de luxe, which the architects Peter Marino and Eric Carlson conceived with the theme "La Promenade" in mind. Modern art, including works by Olafur Eliasson and James Turrell, forms the splendid frame for even more splendid fashion and accessories. You will never tire of a Louis Vuitton item, the design is timeless, the workmanship simply fantastic. My toilet bag and my little pochette with the brown monogrammed cover accompany me throughout the whole world.

Das im Oktober 2005 eröffnete Flaggschiff von Louis Vuitton direkt an den Champs-Élysées ist eine echte Boutique de luxe, die die Architekten Peter Marino und Eric Carlson unter das Motto „La Promenade" (der Spaziergang) gestellt haben. Moderne Kunst – unter anderem von Olafur Eliasson und James Turrell – bildet den edlen Rahmen für die noch edlere Mode samt Accessoires. Ein Louis-Vuitton-Stück wird man garantiert nie leid, das Design ist zeitlos, die Verarbeitung ist einfach fantastisch. Meine Kulturtasche und meine kleine Pochette mit dem braunen Monogrammbezug begleiten mich durch die ganze Welt.

C'est en octobre 2005 qu'a eu lieu la réouverture du magasin des Champs-Élysées, véritable boutique de luxe conçue par les architectes Peter Marino et Eric Carlson et baptisée « La Promenade ». L'art moderne – avec la participation, entre autres, d'Olafur Eliasson et James Turrell – constitue un cadre de luxe pour une mode et des accessoires encore plus luxueux. Une chose est sûre, on ne se lasse jamais d'un article de Louis Vuitton, le design est intemporel et les finitions fantastiques. Ma trousse de toilette et ma petite pochette au monogramme marron m'accompagnent dans le monde entier.

Open: Mon–Sat 10 am–8 pm, Sun 11 am–7 pm
X-Factor: The largest Louis Vuitton boutique in the world.
More: The range in the new Louis Vuitton flagship store is unbeatable, as is the light and sound design by artists such as Olafur Eliasson.

Öffnungszeiten: Mo–Sa 10–20 Uhr, So 11–19 Uhr
X-Faktor: Die größte Louis-Vuitton-Boutique der Welt.
Außerdem: Das Sortiment im neuen LV-Flag-Ship-Store ist unschlagbar – ebenso wie das Licht- und Sound-Design von Künstlern wie Olafur Eliasson.

Horaires d'ouverture : Lun–Sam 10h–20h, Dim 11h–19h
Le « petit plus » : La plus grande boutique Louis Vuitton du monde.
Et aussi : Le stock du nouveau magasin Louis Vuitton est imbattable, tout comme d'ailleurs le son et lumière d'artistes tel que Olafur Eliasson.

La Maison Guerlain

68, Avenue des Champs-Élysées, 75008 Paris
☎ +33 1 45 62 52 57
www.guerlain.com
Métro: George V/Franklin-D. Roosevelt

Andrée Putman and Maxime d'Angeac have created a wellness wonderland over three floors and 600 square metres out of the historical parent house on the Champs-Élysées, which was opened here in 1914. The new Maison Guerlain celebrates beauty in the midst of gold, gloss and glamour. You should call in at least once to test the best-sellers, such as "L'Heure Bleue", "Mitsouko" and "Shalimar", sold in elegant bottles (most of them by Baccarat). Did you know that Guerlain's ingredients are up to 80 per cent natural? Imagine that, in a day and age when nearly all new fragrances are almost purely chemical. My favourite perfume from Guerlain is "Chamade".

Aus dem historischen Stammhaus an den Champs-Élysées, das hier 1914 eröffnet wurde, haben Andrée Putman und Maxime d'Angeac ein Wellness-wunderland auf drei Etagen und 600 Quadratmetern geschaffen. Die neue Maison Guerlain zelebriert die Schön-heit inmitten von Gold, Glanz und Glamour – hier sollte man mindestens einmal vorbeischauen und an Bestsellern wie „L'Heure Bleue", „Mitsouko" und „Shalimar" schnuppern, die in edlen Flaschen angeboten werden (zum Großteil von Baccarat). Wussten Sie, dass die Inhaltsstoffe bei Guerlain zu 80 Prozent natürlich sind? Und das in einer Zeit, in der die meisten neuen Düfte fast nur noch aus Chemie be-stehen. Mein Lieblingsparfum von Guerlain ist „Chamade".

Andrée Putman et Maxime d'Angeac ont transformé le bâtiment historique ouvert en 1914 en un espace magique d'une surface de 600 mètres carrés répartie sur trois étages consacrés aux soins du corps. La nouvelle Maison Guerlain célèbre la beauté dans l'or, l'éclat et le glamour. Il est impératif de s'y rendre au moins une fois pour s'enivrer des fragrances « bestsellers » comme « L'Heure Bleue », « Mitsouko » et « Shalimar », offertes dans de luxueux flacons (en grande partie créés par Baccarat). Savez-vous que les parfums de chez Guerlain sont à 80 pour cent d'essences naturelles ? Et ce, à une époque où de plus en plus de produits chimiques entrent dans la composition de la plupart des nou-veaux parfums. Mon parfum préféré de chez Guerlain est « Chamade ».

Open: Mon–Sat 10:30 am–8 pm, Sun 3 pm–7 pm
X-Factor: The "Guerlain Impérial" treatment in the new day spa.
More: All the perfumes in Guerlain's history are available here, including such rarities as "Liu" or "Vega".

Öffnungszeiten: Mo–Sa 10.30–20 Uhr, So 15–19 Uhr
X-Faktor: Die „Guerlain Impérial"-Behand-lungen im neuen Day Spa.
Außerdem: Hier findet man alle Parfums der Guerlain-Geschichte – selbst Raritäten wie „Liu" oder „Vega".

Horaires d'ouverture : Lun–Sam 10h30–20h, Dim 15h–19h
Le « petit plus » : Les soins « Guerlain Impérial » dans le nouveau Day Spa.
Et aussi : On trouve ici tous les parfums de Guerlain, même les plus rares comme « Liu » ou « Vega ».

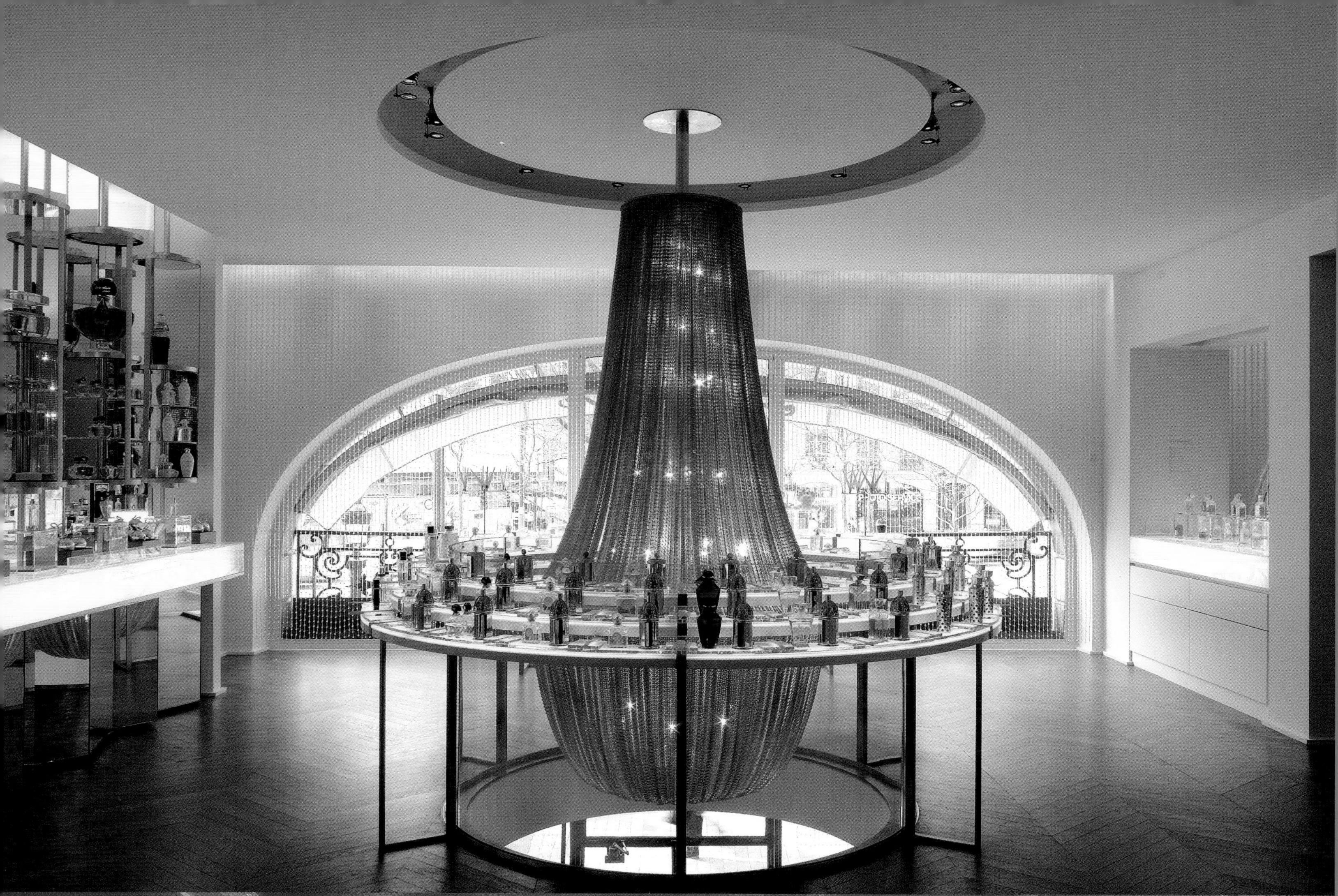

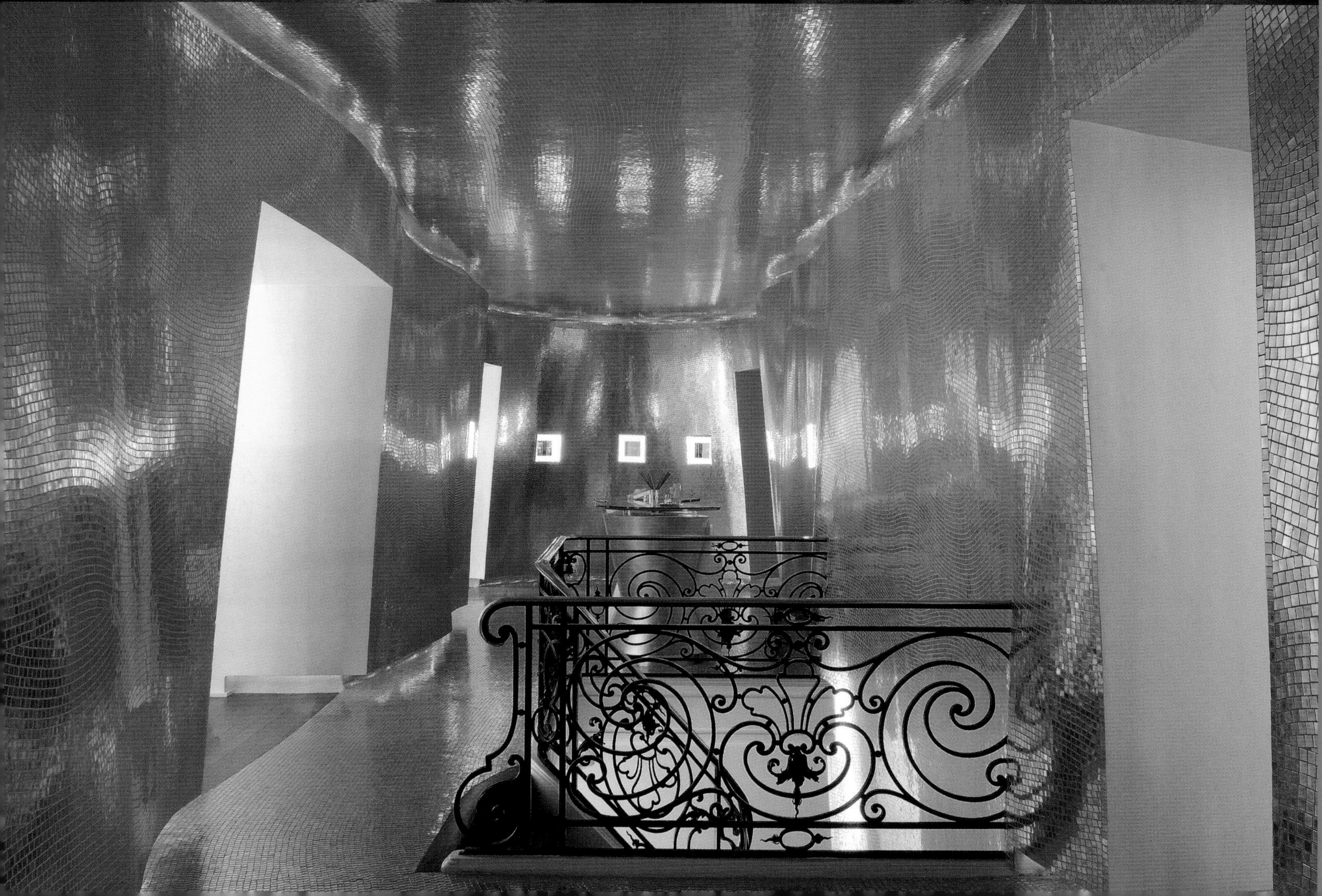

Hédiard

31, Avenue George V, 75008 Paris
☎ +33 1 47 20 44 44
www.hediard.fr
Métro: George V

In 1854 Ferdinand Hédiard founded his first "Comptoir des Épices et des Colonies" in Paris. In the early days, the amazed French people were sold their exotic fruit and vegetables by smiling girls from Martinique. Today Hédiard belongs to the best and most up-market delicatessen stores in the world and stocks a range of more than 6,000 gourmet products from all over the globe. In this branch you can even buy food for a picnic on the Seine on Sundays, and admire the superbly presented groceries until your mouth begins to water.

1854 gründete Ferdinand Hédiard seinen ersten „Comptoir des Épices et des Colonies" in Paris – in den Anfangszeiten bekamen die staunenden Franzosen exotisches Obst und Gemüse schon mal von lächelnden Mädchen aus Martinique verkauft. Heute gehört Hédiard zu den besten und vornehmsten Delikatessenläden und hat mehr als 6.000 Gourmet-Produkte aus aller Welt im Sortiment. In dieser Filiale kann man sogar sonntags für ein Picknick an der Seine einkaufen und die wunderschön präsentierten Lebensmittel bewundern, bis einem das Wasser im Mund zusammenläuft.

Ferdinand Hédiard a fondé en 1854 son premier « Comptoir des Épices et des Colonies » à Paris. À l'époque, les fruits et les légumes exotiques étaient servis aux Français étonnés par de souriantes Martiniquaises. Aujourd'hui Hédiard compte parmi les meilleures épiceries de luxe au monde et propose aux gourmets plus de 6000 produits venus de la terre entière. Dans cette filiale, on peut même acheter le dimanche tout ce qu'il faut pour se restaurer sur les bords de la Seine tout en admirant les merveilleuses présentations jusqu'à ce que l'eau vous vienne à la bouche.

Open: Mon–Fri 8 am–9:30 pm, Sat/Sun 8 am–9 pm
X-Factor: The perfect selection of assorted spices.
More: The attractive tins, boxes and cases in which Hédiard packs his goods recall the former colonial-style store.

Öffnungszeiten: Mo–Fr 8–21.30 Uhr, Sa/So 8–21 Uhr
X-Faktor: Die perfekt sortierte Gewürzauswahl.
Außerdem: An das ehemalige Kontor erinnern noch heute die Dosen, Schachteln und Kisten, in die Hédiard seine Waren stilvoll verpackt.

Horaires d'ouverture : Lun–Ven 8h–21h30, Sam/Dim 8h–21h
Le « petit plus » : Un choix d'épices incomparable.
Et aussi : L'élégant boîtage des produits rappelle aujourd'hui encore l'ancien comptoir des Épices et des Colonies.

La Maison du Chocolat

52, rue François 1er, 75008 Paris
☎ +33 1 47 23 38 25
www.lamaisonduchocolat.com
Métro: George V

The Maison du Chocolat was founded in 1977 by Robert Linxe in Paris and now boasts five shops in the city. In addition to these, there are branches in London, New York and Tokyo. Tasting hand-made chocolate or cocoa beans can be compared to wine-tasting and so the company offers "Le Parcours Initiatique" for the curious, a basic course in chocolate lore to cultivate the taste buds and the senses.

1977 von Robert Linxe in Paris gegründet, ist die Maison du Chocolat inzwischen bereits mit fünf Läden in der Stadt vertreten – zudem gibt es Filialen in London, New York und Tokio. Das Verkosten handgemachter Schokolade oder der Kakaobohne kann man mit der Degustation von Wein vergleichen. Für alle Neugierigen bietet das Unternehmen deshalb „Le Parcours Initiatique" an, einen Grundkurs in Schokoladenkunde, bei dem Geschmacksknospen und -sinne kultiviert werden.

Fondée à Paris en 1977 par Robert Linxe, la Maison du Chocolat est désormais représentée dans cinq endroits de la ville et compte des filiales à Londres, New York et Tokyo. La dégustation du chocolat maison ou d'une fève de cacao peut se comparer à celle d'un bon vin. Pour tous les amateurs, l'entreprise propose donc « Le Parcours Initiatique », un cours élémentaire en matière de chocolat, où l'on apprend à cultiver ses papilles et ses autres sens.

Open: Mon–Sat 10 am–7:30 pm
X-Factor: The chocolate tastings.
More: The hand-made truffles are always worth sinning for, and even the display window is a temptation.

Öffnungszeiten: Mo–Sa 10–19.30 Uhr
X-Faktor: Die Schokoladen-Degustationen.
Außerdem: Die handgemachten Trüffel sind immer eine Sünde wert, und auch die Schaufensterdekoration ist zum Anbeißen.

Horaires d'ouverture : Lun–Sam 10h–19h30
Le « petit plus » : Les dégustations de chocolat.
Et aussi : On pourrait se damner pour une seule de ces truffes maison. L'eau vient à la bouche rien qu'en regardant les vitrines.

La Maison de Baccarat

11, Place des États-Unis, 75116 Paris
☎ +33 1 40 22 11 22
www.baccarat.fr
Métro: Boissière/Kléber

Baccarat took its name from the village Baccarat in Lorraine, where the first glassworks was founded in 1764. It is the symbol worldwide of French crystal. For several years now, the Maison de Baccarat has been housed in a former private mansion where Marie-Laure de Noailles used to hold a salon dedicated to artists, writers and musicians. Philippe Starck transformed the new home into an extravagant setting for the sparkling crystal world. A display that should not be missed.

Baccarat, das seinen Namen vom lothringischen Dorf Baccarat bekam, in dem 1764 die erste Glasmanufaktur eröffnet wurde, ist weltweit das Symbol für französische Kristallwaren. Seit einigen Jahren residiert die Maison de Baccarat in einem ehemaligen Privatpalais, in dem Marie-Laure de Noailles einst zu künstlerischen Salons einlud. Philippe Starck hat das Anwesen in eine theatralische Bühne für eine funkelnde Kristallwelt verwandelt. Eine Inszenierung, die man gesehen haben sollte.

Symbolisant dans le monde entier le cristal français, Baccarat doit son nom au village de Lorraine où fut ouverte la première verrerie en 1764. Depuis quelques années, la Maison de Baccarat est installée dans un ancien hôtel particulier. Marie-Laure de Noailles y tenait jadis ses salons artistiques. Philippe Starck a métamorphosé la demeure en un écrin prestigieux pour un monde de cristal étincelant. Une mise en scène qui vaut le coup d'œil.

Open: Mon–Sat: 10 am–9 pm
X-Factor: A complete work of art composed of museum, boutique and restaurant.
More: Marie-Laure Noailles used to hold her artistic salons in this villa where Baccarat today directs its empire.

Öffnungszeiten: Mo–Sa 10–21 Uhr
X-Faktor: Ein Gesamtkunstwerk aus Museum, Boutique und Restaurant.
Außerdem: In dieser Villa lud Marie-Laure Noailles früher zu künstlerischen Salons – heute leitet Baccarat von hier sein Imperium.

Horaires d'ouverture : Lun–Sam 10h–21h
Le « petit plus » : Une œuvre d'art totale composée d'un musée, d'une boutique et d'un restaurant.
Et aussi : Marie-Laure Noailles tenait son salon artistique dans cette maison. Aujourd'hui, Baccarat y dirige son empire.

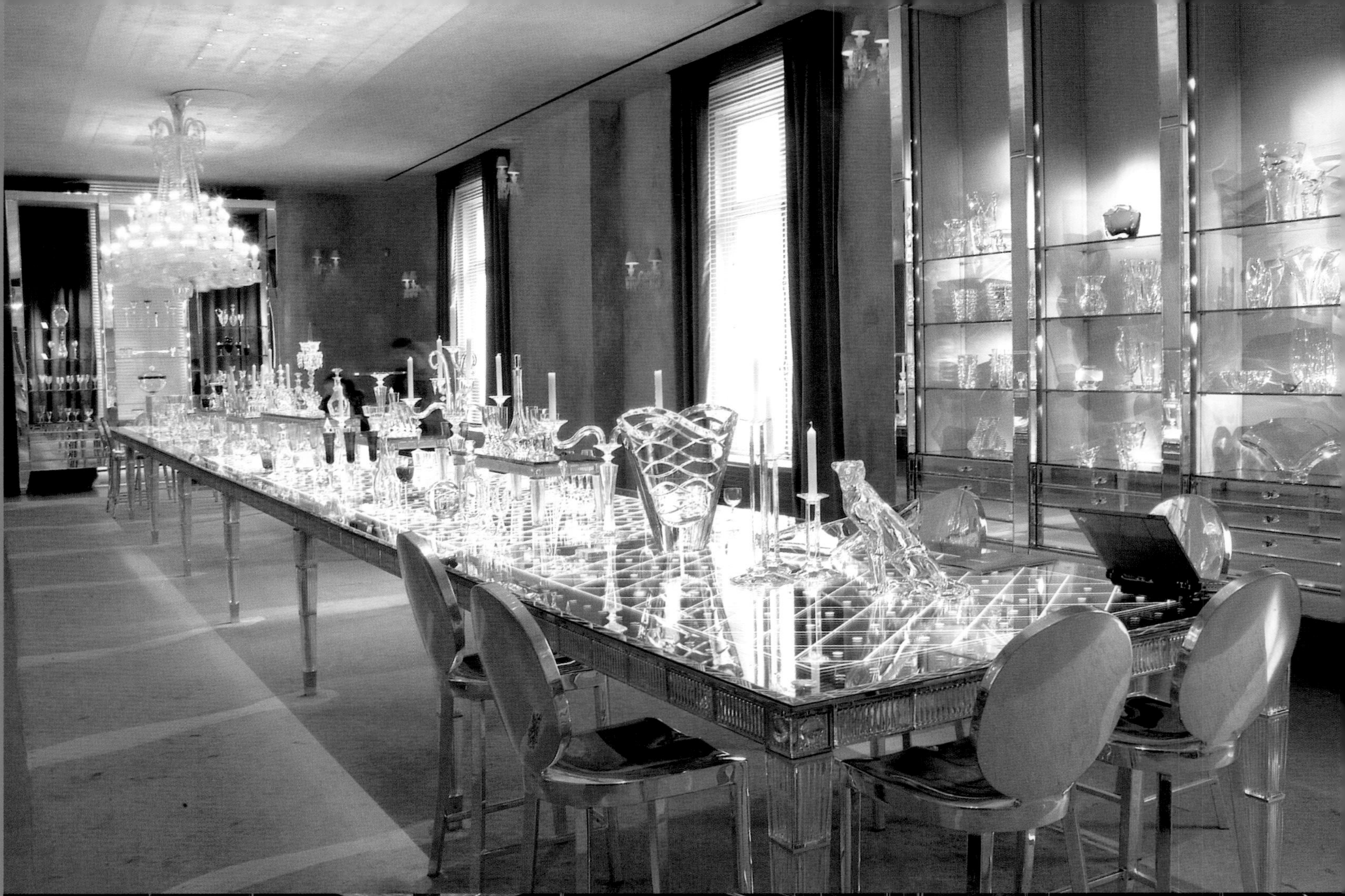

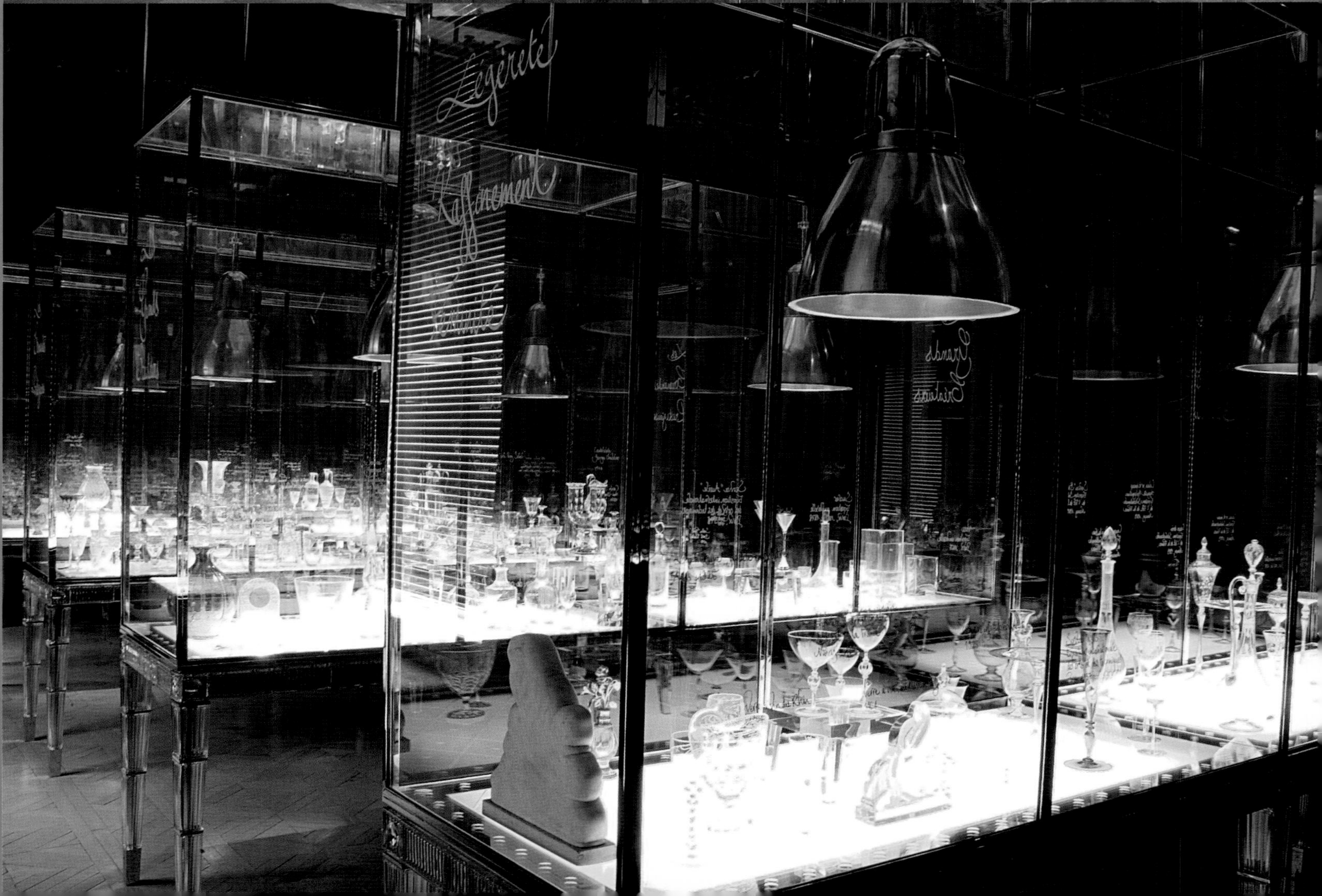
Légèreté
Raffinement

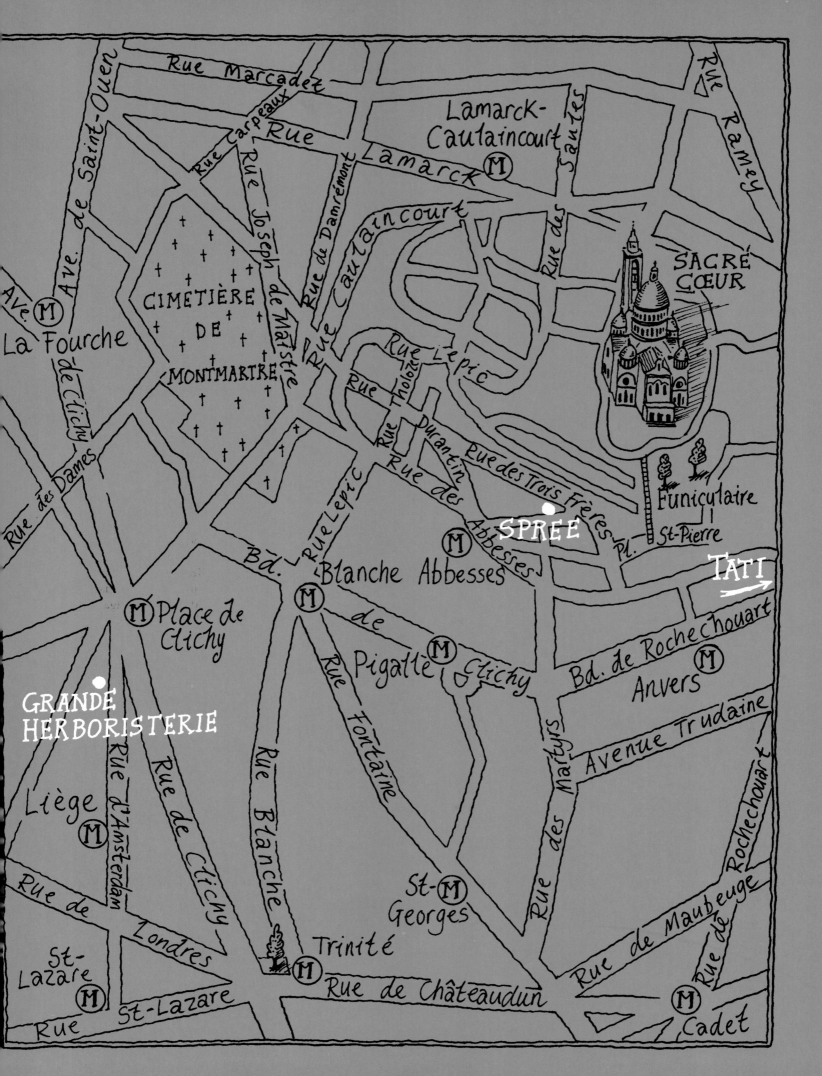

Rue Marcadet

Rue Carpeaux

Rue

Lamarck

Lamarck-
Caulaincourt (M)

Rue de Saint-Ouen

Ave. de Saint-Ouen

Rue Joseph de Maistre

Rue de Damrémont

Caulaincourt

Rue des Saules

Rue Ramey

(M)

Ave.

La Fourche

CIMETIÈRE
DE
MONTMARTRE

SACRÉ
CŒUR

Ave. de Clichy

Rue Lepic

Rue des Trois Frères

Rue des Dames

Rue Tholozé

Rue Durantin

Funiculaire

Rue Lepic

Rue des

Pl. St-Pierre

Bd.

Blanche

SPRÉE

Abbesses (M)

Abbesses

TATI
→

(M)
Place de
Clichy

de

Bd. de Rochechouart

(M)
Anvers

GRANDE
HERBORISTERIE

Pigalle (M) Clichy

Rue Fontaine

Avenue Trudaine

Rue d'Amsterdam

Rue de Clichy

Rue des Martyrs

Rue de Maubeuge

Rue de Rochechouart

Liège
(M)

Rue Blanche

St- (M)
Georges

St-
Lazare

Rue de Londres

(M)
St-Lazare

Trinité (M)

Rue de Châteaudun

Rue

(M)
Cadet

Grande Herboristerie Parisienne de la Place Clichy

87, rue d'Amsterdam, 75008 Paris
☎ +33 1 48 74 83 32
Métro: Place de Clichy/Liège

The smell of countless herbs could almost make you imagine you were on a freshly mown meadow instead of in the concrete jungle of Paris. The shop stocks more than 900 herbs, as well as cleverly composed mixtures and elixirs. It doesn't matter if you are suffering from a cold, sleeplessness or the jimjams, you'll find the right remedy here, sometimes even individually prepared.

Dank des Geruchs nach ungezählten Kräutern wähnt man sich hier eher auf einer frisch gemähten Wiese denn im Großstadtdschungel von Paris. Das Geschäft führt mehr als 900 Kräuter sowie gut zusammengestellte Mischungen und Elixiere. Egal, ob man an Schnupfen, Schlaflosigkeit oder Nervosität leidet – hier gibt es das passende Mittel; auch individuell gemischt.

Grâce à l'odeur des plantes, on a ici plus l'impression de se trouver dans une prairie, dont l'herbe aurait été fraîchement coupée, que dans la jungle de la grande ville. Le magasin propose plus de 900 plantes ainsi que des mélanges et des élixirs. Que l'on souffre d'un rhume, d'insomnie ou de nervosité, on trouvera ici le remède qui convient, même si on doit le préparer tout spécialement pour vous.

Open: Mon–Sat 10 am–1 pm and 2 pm–7 pm (Mon from 11 am, Sat until 6 pm)
X-Factor: Excellent "infusions" (soothing herbal teas).
More: At the counter you can choose from more than 900 herbs and can have remedies individually prepared.

Öffnungszeiten: Mo–Sa 10–13 Uhr und 14–19 Uhr (Mo ab 11 Uhr, Sa bis 18 Uhr)
X-Faktor: Sehr gute „infusions" (Kräutertees).
Außerdem: Am Tresen kann man aus mehr als 900 heilenden Kräutertees wählen und sich Medizin individuell zusammenstellen lassen.

Horaires d'ouverture : Lun–Sam 10h–13h et 14h–19h (Lun à partir de 11h, Sam jusqu'à 18h)
Le « petit plus » : Très bonnes infusions.
Et aussi : Un choix de plus de 900 plantes vous est proposé, des mélanges individuels sont
préparés.

Spree

16, rue La Vieuville, 75018 Paris
☎ +33 1 42 23 41 40
Métro: Abbesses

An unusual boutique with a good mixture of those young fashion designers held in high regard by the two proprietors themselves. On the shelves you can find designs by Eley Kishimoto as well as Comme des Garçons. Unusual furniture and objects complete the assortment. As far as I know, this is the only shop in Paris where you can buy ballerina shoes by Porselli.

Eine außergewöhnliche Boutique mit einer guten Mischung an jungen Modedesignern, die die beiden Besitzer selbst schätzen. In den Regalen findet man Entwürfe von Eley Kishimoto bis Comme des Garçons. Außergewöhnliche Möbel und Objekte machen die Auswahl komplett. Meines Wissens nach ist dies der einzige Laden in Paris, in dem man Ballerinas von Porselli bekommt.

Une boutique inédite proposant un bon choix de jeunes stylistes que les deux propriétaires prisent particulièrement. Sur les étagères on trouvera ainsi des créations d'Eley Kishimoto ou de Comme des Garçons par exemple. Les meubles et les objets extraordinaires complètent le tout. Autant que je sache, c'est le seul magasin à Paris où on trouve des ballerines de Porselli.

Open: Mon–Sat 11 am–7:30 pm, Sun 3 pm–7 pm
X-Factor: Reasonable prices for unusual furniture.
More: Even Hollywood stars like Kirsten Dunst love the second-hand atmosphere of the fashion and furniture salesrooms.

Öffnungszeiten: Mo–Sa 11–19.30 Uhr, So 15–19 Uhr
X-Faktor: Annehmbare Preise für außergewöhnliche Modelle.
Außerdem: Die Secondhand-Atmosphäre, in der Mode und Möbel verkauft werden, lieben auch Hollywoodstars wie Kirsten Dunst.

Horaires d'ouverture : Lun–Sam 11h–19h30, Dim 15h–19h
Le « petit plus » : Prix acceptables pour des modèles exceptionnels.
Et aussi : Les stars d'Hollywood comme Kirsten Dunst aiment aussi cette atmosphère de « seconde main » qui entoure la vente de la mode et des meubles.

TATI

4, Boulevard de Rochechouart, 75018 Paris
☎ +33 1 55 29 50 00
www.tati.fr
Métro: Barbès Rochechouart

TATI's is a concept store in its own way. The cheapest department store in Paris has been around for more than 50 years. The pink and white checked pattern with the dark blue word "TATI" can be recognized from afar (nearly everyone in the African quarter carries a plastic bag with the logo). The entrance to TATI's bridal department is at rue Belhomme No. 5, and it is a pleasure to watch the women choosing their wedding dresses (which usually make you think of meringues and candy floss). Don't forget the "sweet souvenirs" from TATI's confectionery shop, packed in pink and white bags, of course.

Auf seine Art ist das TATI auch ein Concept-Store. Das billigste Kaufhaus in Paris gibt es seit mehr als 50 Jahren – das rosa-weiß karierte Muster mit dem dunkelblauen Wort „TATI" erkennt man von Weitem (fast jeder im afrikanischen Viertel trägt eine Tüte mit diesem Logo). In der rue Belhomme Nummer 5 liegt der Eingang zum Brautgeschäft von TATI, dort ist es ein Vergnügen, den Frauen bei der Wahl ihrer Hochzeitskleider (die meist an Baisers und Zuckerwatte erinnern) zu bewundern. Und „sweet souvenirs" gibt es im Süßwarenladen von TATI – natürlich in rosa-weiße Tütchen verpackt.

À sa manière, TATI est lui aussi un « concept store ». Le grand magasin le moins cher de Paris existe depuis plus de cinquante ans et on reconnaît de loin son damier rose et blanc sur lequel est inscrit en bleu le mot « TATI » (presque tout le monde porte un sac de cette marque dans le quartier africain). L'entrée du TATI mariage se trouve au 5, rue Belhomme et c'est un plaisir de voir de jolies femmes essayer leur robe de mariée qui, bien souvent, évoque une meringue ou une barbe à papa. Les « sweet souvenirs » sont vendus pour leur part au rayon confiserie dans des sachets roses et blancs, bien sûr.

Open: Mon–Fri 10 am–7 pm, Sat 9:15 am–7 pm
X-Factor: The pink-and-white checked carrier bags.
More: The best of all places to rummage around in. TATI has attracted bargain hunters for more than 50 years and even has a special department for wedding dresses.

Öffnungszeiten: Mo–Fr 10–19 Uhr, Sa 9.15–19 Uhr
X-Faktor: Die rosa-weiß karierten Tüten.
Außerdem: Nirgendwo sonst ist Stöbern schöner: Das TATI zieht Schnäppchenjäger seit mehr als 50 Jahren an und hat sogar eine extra Abteilung für Brautkleider.

Horaires d'ouverture : Lun–Ven 10h–19h, Sam 9h15–19h
Le « petit plus » : Les sacs à carreaux rose et blanc.
Et aussi : Nulle part ailleurs on éprouve autant de plaisir à fouiller dans les étals : TATI attire les clients en quête de bonnes affaires depuis plus de 50 ans et possède même un rayon spécial pour les robes de mariée.

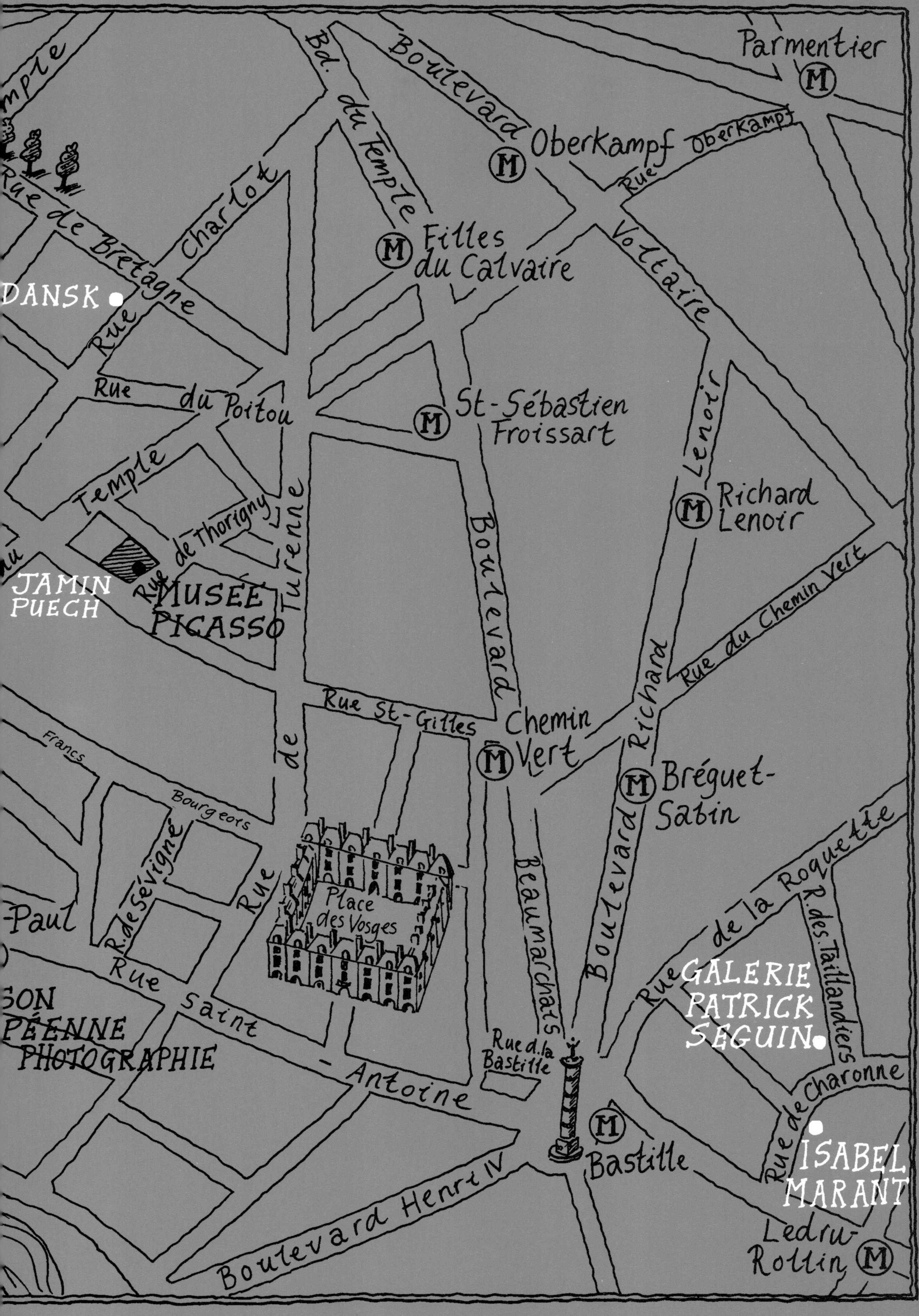

DANSK ●

Parmentier Ⓜ

Boulevard

Ⓜ Oberkampf Rue Oberkampf

Bd. du Temple

Ⓜ Filles du Calvaire

Voltaire

Rue du Poitou

Ⓜ St-Sébastien Froissart

Lenoir

Ⓜ Richard Lenoir

Rue de Thorigny

JAMIN PUECH ● MUSÉE PICASSO

Boulevard de Turenne

Rue du Chemin Vert

Rue St-Gilles Chemin

Richard

Ⓜ Vert

Ⓜ Bréguet-Sabin

Francs

Bourgeois

Rue de Sévigné

Rue

Place des Vosges

Beaumarchars

Boulevard Richard

Rue de la Roquette

R. des Taillandiers

-Paul

Rue Saint

GALERIE PATRICK SEGUIN ●

SON PÉENNE PHOTOGRAPHIE

- Antoine

Rue d.la Bastille

Rue de Charonne

Ⓜ

Bastille

ISABEL MARANT ●

Boulevard Henri IV

Ledru Rollin Ⓜ

Charlot

Rue de Bretagne

Temple

Rue

Shops

Galerie Dansk

31, rue Charlot, 75003 Paris
☎ +33 1 42 71 45 95
www.galeriedansk.com
Métro: Temple

The shop is testimony to the good taste of its Danish-French owners, Merete and Jean-Loup Basset, and sells Danish furniture dating from the 1950s to the 1970s. For example, the Gryden armchair designed by Arne Jacobsen in 1954 for the SAS Hotel in Copenhagen and well-known objects by Alvar Aalto, Verner Panton and Svend Middelboe.

Die kompetenten dänisch-französischen Besitzer Merete und Jean-Loup Basset zeigen hier ihren guten Geschmack und verkaufen dänische Möbel aus den 1950ern bis 1970ern. Zum Beispiel den Sessel „Gryden", den Arne Jacobsen 1954 für das SAS Hotel in Kopenhagen entwarf, aber auch bekannte Objekte von Alvar Aalto, Verner Panton und Svend Middelboe.

Les propriétaires franco-danois Merete et Jean-Loup Basset, experts en la matière, font ici la preuve de leur bon goût. Ils vendent des meubles danois des années 1950 à 1970, par exemple le fauteuil « Gryden », créé en 1954 par Arne Jacobsen pour l'hôtel SAS de Copenhague, mais aussi des objets connus d'Alvar Aalto, Verner Panton et Svend Middelboe.

Open: Tues–Sat 2 pm–7 pm
X-Factor: The design exhibition.
More: A French-Danish couple has very tastefully arranged designer furniture from the 1950s to 1970s – from Arne Jacobsen to Verner Panton.

Öffnungszeiten: Di–Sa 14–19 Uhr
X-Faktor: Die Designausstellungen.
Außerdem: Ein französisch-dänisches Paar stellt Designermöbel aus den 1950ern bis 1970ern mit viel Geschmack zusammen – von Arne Jacobsen bis zu Verner Panton.

Horaires d'ouverture : Mar–Sam 14h–19h
Le « petit plus » : Les expositions de design.
Et aussi : Un couple franco-danois réunit avec beaucoup de goût des meubles design des années 1950 aux années 1970, d'Arne Jacobsen à Verner Panton.

Isabel Marant

16, rue de Charonne, 75011 Paris
☎ +33 1 49 29 71 55
Métro: Bastille/Ledru-Rollin

The French designer has made a name for herself in a market niche and creates garments with an ethnic touch that work well in an elegant and glamorous city like Paris. She has a second boutique in rue Jacob in the 6th Arrondissement.

Die französische Designerin hat sich in einer Marktnische etabliert und macht Kleidung mit einem Ethno-Touch, die sich gut in einer eleganten und glamourösen Großstadt wie Paris tragen lässt. Eine weitere Boutique besitzt sie in der rue Jacob im 6. Arrondissement.

La styliste française a trouvé son créneau et réalise des vêtements d'esprit ethnique mélangeant les belles matières naturelles et qui se laissent porter facilement dans une ville aussi élégante et glamour que Paris. Elle possède une autre boutique rue Jacob, dans le 6e.

Open: Mon–Sat 10:30 am–7:30 pm
X-Factor: The Étoile line and the children's line which have enlarged the portfolio since 2004.
More: Isabel Marant has been awarded a prize for best designer in France for her very wearable designs with an ethnic touch.

Öffnungszeiten: Mo–Sa 10.30–19.30 Uhr
X-Faktor: Die Linie Étoile und die Kinderlinie, die das Portfolio seit 2004 erweitern.
Außerdem: Isabel Marant wurde schon als beste Designerin Frankreichs ausgezeichnet – für ihre immer tragbaren Modelle mit Ethno-Touch.

Horaires d'ouverture : Lun–Sam 10h30–19h30
Le « petit plus » : La ligne Étoile et la ligne enfants enrichissent depuis 2004 la collection.
Et aussi : Isabel Marant a déjà été nommée meilleure styliste de France pour ses modèles toujours portables avec leur touche ethno.

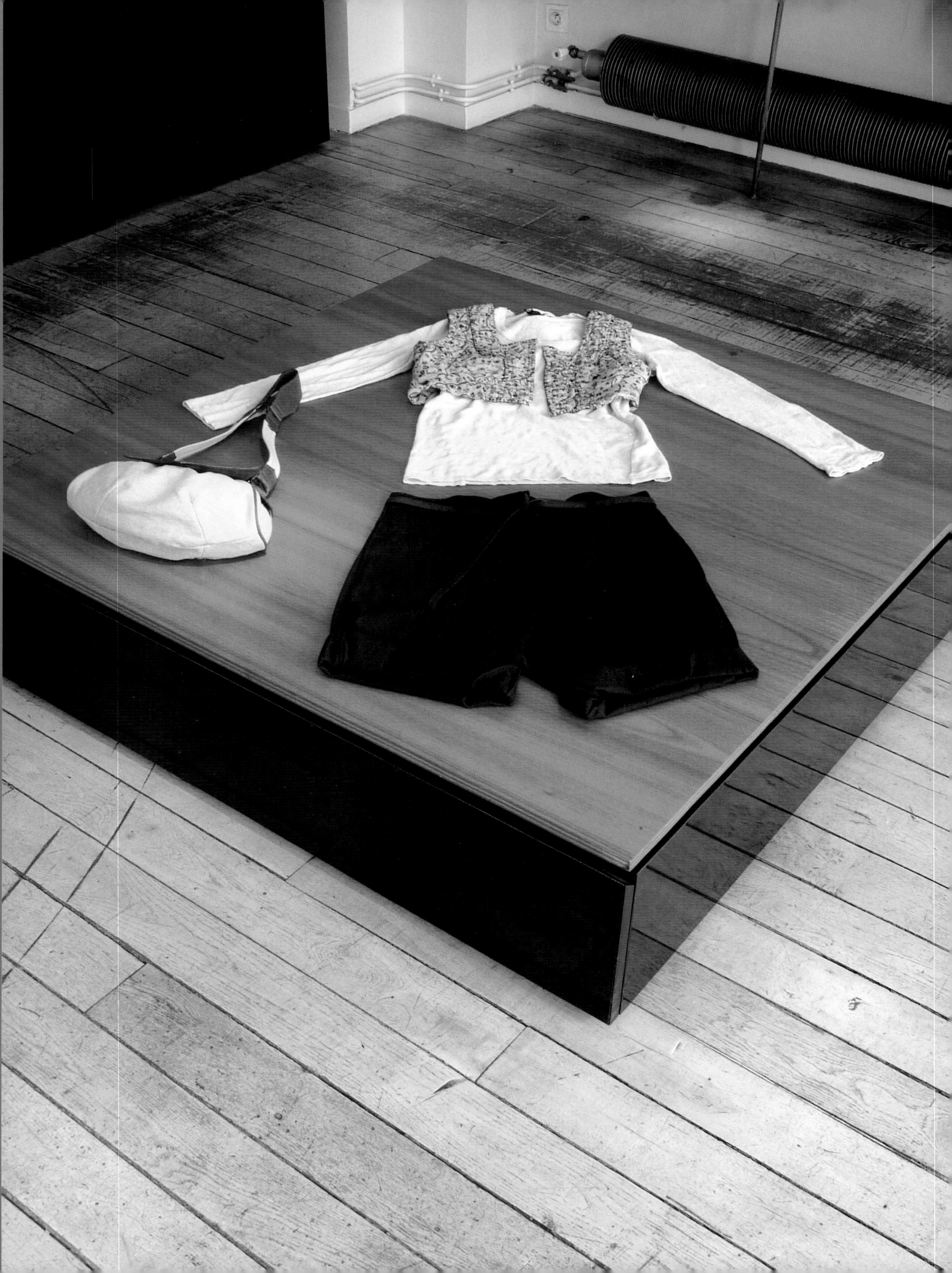

Galerie Patrick Seguin

5, rue des Taillandiers, 75011 Paris
☎ +33 1 47 00 32 35
www.patrickseguin.com
Métro: Bastille/Ledru-Rollin

Recommended to anyone who likes modern French design – the gallery is devoted to 20th-century French furniture and architecture. It has French classics by Jean Prouvé, Charlotte Perriand, Le Corbusier, Pierre Jeanneret, Serge Mouille, Alexandre Noll, Jean Royère and Georges Jouve on exhibition. Museum-like in style.

Ein guter Tipp für alle, die modernes französisches Design lieben, denn diese Galerie hat sich den Möbeln und der Architektur des 20. Jahrhunderts verschrieben. Sie zeigt französische Klassiker von Jean Prouvé, Charlotte Perriand, Le Corbusier, Pierre Jeanneret, Serge Mouille, Alexandre Noll, Jean Royère und Georges Jouve. Fast wie ein Museum.

Un bon tuyau pour tous ceux qui aiment le design moderne français, car cette galerie est vouée aux meubles et à l'architecture du 20e siècle. Elle expose des classiques français de Jean Prouvé, Charlotte Perriand, Le Corbusier, Pierre Jeanneret, Serge Mouille, Alexandre Noll, Jean Royère et Georges Jouve. Un musée ne pourrait faire mieux.

Open: Tues–Sat 10 am–7 pm
X-Factor: Many of the classics of modern French furniture design are assembled here on one spot.
More: The gallery regularly organises exhibitions on various designers and architects.

Öffnungszeiten: Di–Sa 10–19 Uhr
X-Faktor: Viele Klassiker des modernen französischen Möbeldesigns sind hier an einem Ort vereint.
Außerdem: Die Galerie veranstaltet regelmäßig Ausstellungen zu verschiedenen Designern und Architekten.

Horaires d'ouverture : Mar–Sam 10h–19h
Le « petit plus » : Nombreux classiques de meubles design modernes français réunis.
Et aussi : La galerie organise régulièrement des expositions présentant divers designers et architectes.

Jamin Puech

68, rue Vieille du Temple, 75003 Paris
☎ +33 1 48 87 84 87
www.jamin-puech.com
Métro: St-Paul

Benoît Jamin and Isabelle Puech have been famous for their handbags since the beginning of the 1990s – they sell their most beautiful models here in Paris (there is a second boutique in the 6th Arrondissement at 43, rue Madame). Anyone tired of the typical designer handbags will find individual Baroque-inspired creations here. Hippy-look Jamin-Puech bags go with jeans, glamorous models are perfect for evening dress. The collection also includes purses.

Seit Anfang der 1990er sind Benoît Jamin und Isabelle Puech für ihre Handtaschen berühmt – die schönsten Modelle verkaufen sie hier in Paris (eine weitere Boutique besteht im 6. Arrondissement in der 43, rue Madame). Wer keine Lust mehr auf die üblichen Designertaschen hat, findet hier individuelle, barock inspirierte Kreationen. Im Hippielook passen die Jamin-Puech-Taschen zur Jeans, im Glamourlook zur großen Abendrobe. Ebenfalls im Sortiment: Portemonnaies.

Benoît Jamin et Isabelle Puech sont célèbres depuis le début des années 1990 pour leurs sacs à main, dont les plus beaux modèles sont vendus à Paris (leur autre boutique se trouve au 43, rue Madame dans le 6e). Celui qui est fatigué des sacs de designer trouve ici des créations originales d'inspiration baroque. Les sacs au look hippie vont avec des jeans, les sacs glamour avec les robes du soir. Évidemment, on trouve ici aussi des porte-monnaie.

Open: Mon, Wed–Sat 11 am–7 pm, Tues midday–7 pm
X-Factor: There are more than 100 new designs each year.
More: Benoît Jamin and Isabelle Puech produce the quirkiest bags in the city and even Karl Lagerfeld has shopped here.

Öffnungszeiten: Mo, Mi–Sa 11–19 Uhr, Di 12–19 Uhr
X-Faktor: Pro Jahr gibt es mehr als 100 neue Designs.
Außerdem: Benoît Jamin und Isabelle Puech stellen die schrägsten Taschen der Stadt her – selbst Karl Lagerfeld war bei ihnen schon Kunde.

Horaires d'ouverture : Lun, Mer–Sam 11h–19h, Mar 12h–19h
Le « petit plus » : Plus d'une centaine de nouvelles créations par an.
Et aussi : Benoît Jamin et Isabelle Puech proposent les sacs les plus fous de la ville. Même Karl Lagerfeld est l'un de leurs clients.

Mariage Frères

30–35, rue du Bourg-Tibourg, 75004 Paris
☎ +33 1 42 72 28 11
www.mariagefreres.com
Métro: Hôtel de Ville

Nowhere in Paris – or anywhere, for that matter – is the selection of the finest tea better than here. The cakes and salads served with them are also excellent. The shop is even open on Sundays and sells superb scented candles with a hint of tea aroma – my favourite is the "Thé des Mandarins". Much as I like this shop, I prefer the Mariage Frères tea salon in the 6th Arrondissement (13, rue des Grands-Augustins).

Besseren Tee in einer größeren Auswahl kann man nicht nur in Paris nicht bekommen, und auch die Kuchen und Salate, die dazu serviert werden, sind sehr gut. Das Geschäft ist sogar am Sonntag geöffnet und verkauft herrliche Duftkerzen mit Teenoten – mein Favorit ist das Aroma „Thé des Mandarins". Noch lieber gehe ich allerdings in den Mariage Frères Teesalon im 6. Arrondissement (13, rue des Grands-Augustins).

Non seulement il est impossible de trouver à Paris un choix plus vaste des meilleurs thés du monde, mais les pâtisseries et les salades servies en accompagnement sont elles aussi délicieuses. La boutique, ouverte le dimanche, vend de sublimes bougies parfumées au thé – l'arôme « Thé des Mandarins » est mon favori. Mais ce que je préfère c'est aller au salon de thé de la rive gauche, 13, rue des Grands-Augustins, dans le 6e.

Open: Daily 10:30 am– 7:30 pm
X-Factor: The tea classic "Earl Grey Impérial".
More: The Mariage family has been one of the tea dynasties in France for 300 years and in 1860 even invented the first tea-chocolate.

Öffnungszeiten: Täglich 10.30–19.30 Uhr
X-Faktor: Der Teeklassiker „Earl Grey Impérial".
Außerdem: Seit 300 Jahren gehört die Familie Mariage zu den Teedynastien Frankreichs, 1860 erfand sie sogar die erste Teeschokolade.

Horaires d'ouverture : Tous les jours 10h30–19h30
Le « petit plus » : Le classique « Earl Grey Impérial ».
Et aussi : Mariage Frères fait partie des dynasties du thé depuis trois siècles. En 1860, la maison inventa même le premier chocolat au thé.

Les Ruchers du Roy

37, rue du Roi de Sicile, 75004 Paris
☎ +33 1 42 72 02 96
www.lesruchersduroy.com
Métro: St-Paul

A paradise for anyone with a sweet tooth: Les Ruchers du Roy has a range of exquisite honeys and also sells jams and mustard variations made with honey, as well as tea. Honey with a lavender or chestnut aroma melts in the mouth. All items bear the simple, classic French label, making them an attractive gift to take home.

Ein Paradies für Naschkatzen: Les Ruchers du Roy hat exquisiten Honig im Sortiment und verkauft auch Marmeladen und Senfvariationen, die mit Honig hergestellt werden, sowie Tee. Auf der Zunge zergeht der Honig mit Lavendel- oder Kastanienaroma. Alle Einkäufe ziert das klassische, schlichte, französische Label und macht sie zu einem schönen Mitbringsel.

Le paradis des gourmets : la maison du miel vend bien sûr une vaste gamme de miels exquis et rares, mais aussi des confitures au miel, des moutardes au miel, des tisanes à l'ancienne et du pain d'épice. Le miel de lavande et de châtaignier fond sur la langue. Le sobre et classique label français orne tous les achats qui font ainsi un joli cadeau à rapporter.

Open: Mon–Sat 11 am–8 pm, Sun 2 pm–8 pm
X-Factor: Honey cake, jams and an incredibly large selection of honey products. You can also pick up some nice little presents.
More: The jams are made from an old recipe and are prepared in a copper cauldron.

Öffnungszeiten: Mo–Sa 11–20 Uhr, So 14–20 Uhr
X-Faktor: Honigkuchen, Konfitüren und eine unendlich große Vielfalt an Honigprodukten. Hier findet man auch nette, kleine Geschenke.
Außerdem: Die Konfitüren werden nach einem alten Rezept in einem Kupferkessel hergestellt.

Horaires d'ouverture : Lun–Sam 11h–20h, Dim 14h–20h
Le « petit plus » : Pain d'épice, confitures et une infinité de produits au miel. On trouve ici aussi de charmants petits cadeaux.
Et aussi : Les confitures sont cuites à l'ancienne dans un chaudron de cuivre.

Azzedine Alaïa

7, rue de Moussy, 75004 Paris
☎ +33 1 42 72 19 19
Métro: Hôtel de Ville

The only visible outer sign of the shop's existence is a small bell. Its interior is a large loft, designed by the American artist Julian Schnabel. This is where Tunisian-born Azzedine Alaïa presents his latest creations. He found fame in the 1980s when stars such as Naomi Campbell and Madonna started wearing his figure-hugging creations. He has remained true to himself and his style to the present day. His small hotel is located next door: with three large, individual apartments furnished with items from his exclusive furniture collection. A delight for all aesthetes.

Kein Schaufenster, nur eine kleine Klingel weist auf den Laden. Man betritt ein großes Loft, das der amerikanische Künstler Julian Schnabel gestaltet hat und wo der gebürtige Tunesier Azzedine Alaïa seine neuesten Kreationen präsentiert. Berühmt wurde er in den 1980er-Jahren, als Stars wie Naomi Campbell oder Madonna seine körperbetonten Kreationen trugen. Bis heute bleibt er sich und seinem Stil treu. Gleich nebenan ist sein kleines Hotel untergebracht: mit drei großen, individuellen Apartments, die mit Stücken aus seiner exquisiten Möbelsammlung eingerichtet sind. Für alle Ästheten ein Genuss.

Seule une petite sonnette signale la présence de la boutique. On pénètre dans un vaste loft décoré par l'artiste américain Julian Schnabel et dans lequel Azzedine Alaïa présente ses nouvelles créations en restant fidèle à son style. Il est devenu célèbre au cours des années 1980, quand des stars comme Naomi Campbell et Madonna ont commencé à porter ses vêtements soulignant le corps. Juste à côté, son petit hôtel particulier abrite trois grands appartements aménagés avec des meubles de sa collection. Un plaisir pour les esthètes.

Open: Mon–Sat 10 am–7 pm
X-Factor: The new Alaïa shoe boutique next door (Design: Marc Newson).
More: Azzedine Alaïa's designs for the stars emphasise their figures. Sarah Jessica Parker, Tina Turner, Naomi Campbell, Madonna are fans of his stretch fashion.

Öffnungszeiten: Mo–Sa 10–19 Uhr
X-Faktor: Die neue Alaïa-Schuhboutique nebenan (Design: Marc Newson).
Außerdem: Azzedine Alaïa kleidet die Stars figurbetont – zu den Fans seiner Stretchmode gehören Sarah Jessica Parker, Tina Turner, Naomi Campbell, Madonna.

Horaires d'ouverture : Lun–Sam 10h–19h
Le « petit plus » : La nouvelle boutique de chaussures Alaïa juste à côté (design : Marc Newson).
Et aussi : Azzedine Alaïa sait mettre en valeur la silhouette des stars. Sarah Jessica Parker, Tina Turner, Naomi Campbell, Madonna comptent parmi les accros de sa mode stretch.

Aurouze

8, rue des Halles, 75001 Paris
☎ +33 1 40 41 16 20
www.aurouze.fr
Métro: Châtelet/Les Halles

Not a shop for the faint-hearted: stuffed rats and mice perform a last dance in the shop window of the specialist for "Destruction des animaux nuisibles". A wide range of different rat traps are suspended above the dancing rodents – not to be missed.

Dieser Laden ist nichts für schwache Nerven: Im Schaufenster des Spezialisten für „Destruction des animaux nuisibles" führen ausgestopfte Ratten und Mäuse einen letzten Tanz auf. Darüber hängen Rattenfallen in diversen Ausführungen – muss man gesehen haben.

Au fronton du magasin, on peut lire en lettres d'or « Destruction des animaux nuisibles ». Il vaut mieux avoir les nerfs solides pour contempler la vitrine derrière laquelle des rats et des souris empaillés mènent une dernière danse macabre. Au-dessus des bestioles sont suspendus des modèles de pièges en tout genre — cela vaut vraiment le coup d'œil.

Open: Mon–Fri 9 am–12:30 pm and 2 pm–6:30 pm, Sat 9 am–12:30 pm and 2 pm–6 pm
X-Factor: The stuffed rats in the display window.
More: Should you need insect spray, mouse traps or even a vermin exterminator, you will be given professional advice here.

Öffnungszeiten: Mo–Fr 9–12.30 Uhr und 14–18.30 Uhr, Sa 9–12.30 Uhr und 14–18 Uhr
X-Faktor: Die ausgestopften Ratten im Schaufenster.
Außerdem: Wer Mückenspray, Mausefallen oder gar einen Kammerjäger braucht, wird hier perfekt beraten.

Horaires d'ouverture : Lun–Ven 9h–12h30 et 14h–18h30, Sam 9h–12h30 et 14h–18h
Le « petit plus » : Les rats empaillés de la vitrine.
Et aussi : Vous êtes ici à la bonne adresse si vous avez besoin d'un insecticide, de pièges à souris ou d'un professionnel en dératisation.

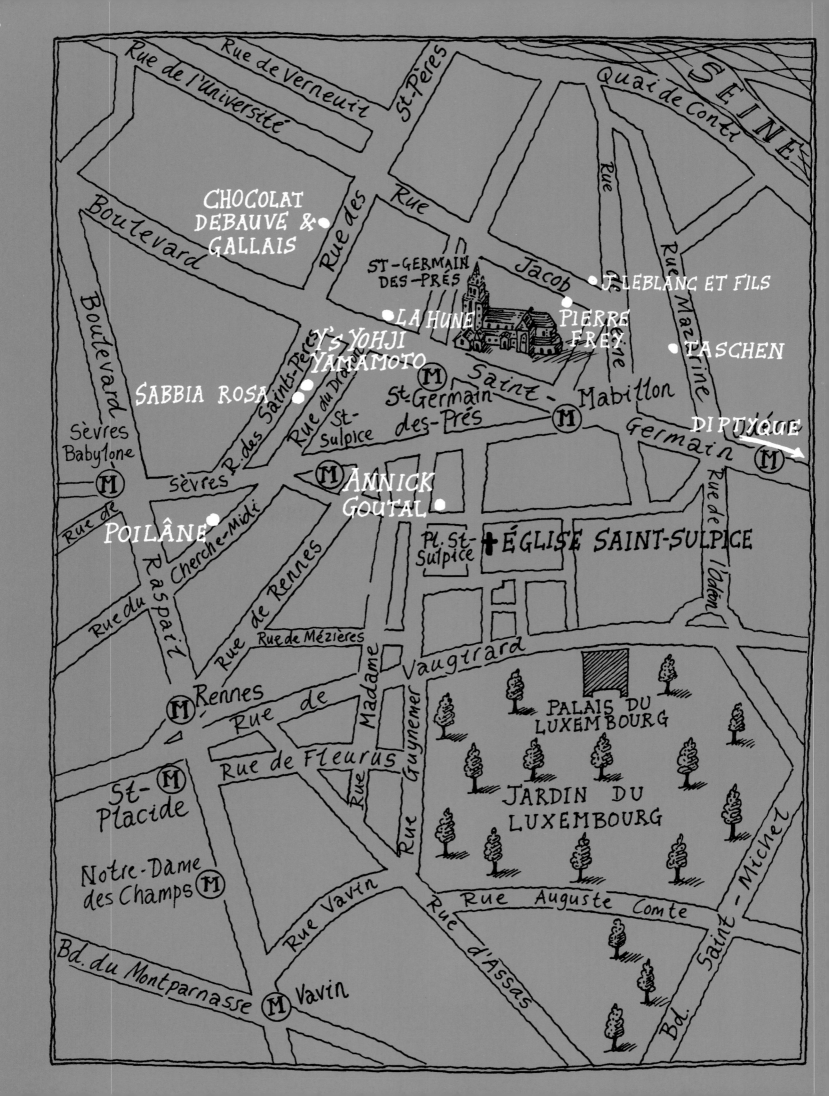

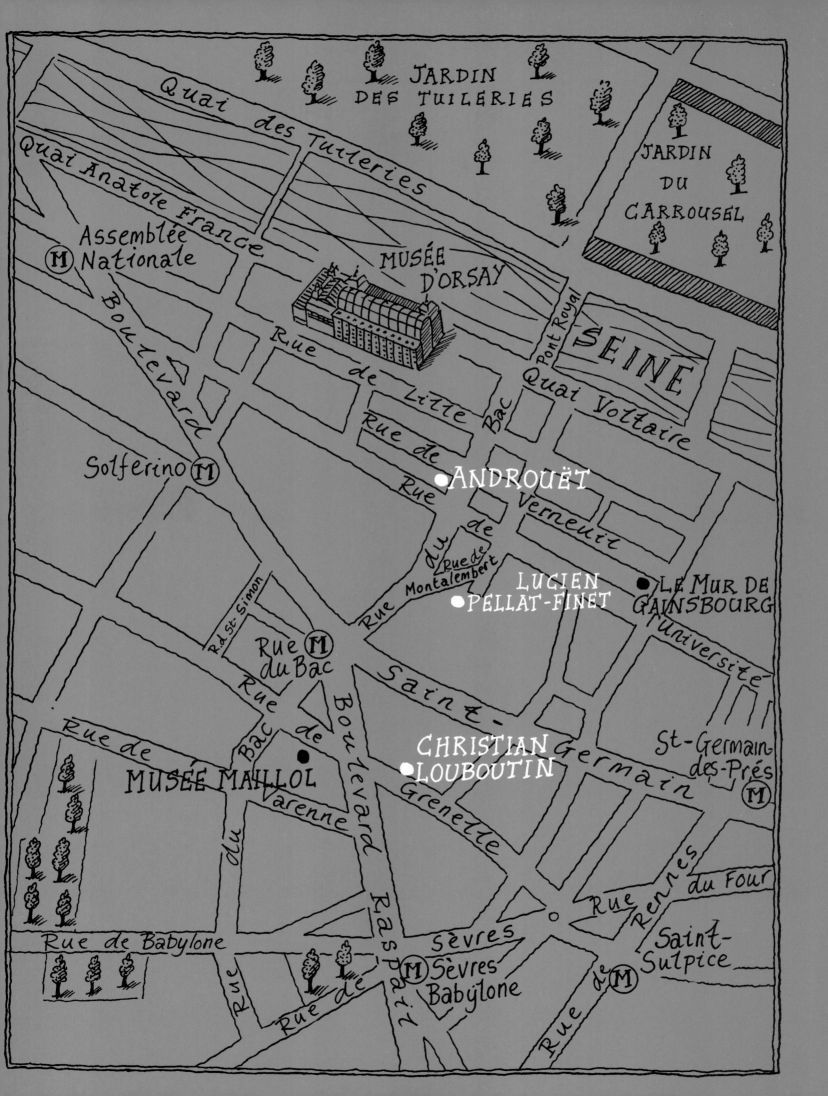

Diptyque

34, Boulevard Saint-Germain, 75005 Paris
☎ +33 1 43 26 45 27
www.diptyqueparis.com
Métro: Maubert-Mutualité

This now famous shop opened in 1961 and its regular customers include Naomi Campbell, Karl Lagerfeld, the royal family of Monaco and Sophie Marceau. The shop has perfumes with unusual names such as Vinaigre de Toilette and Jardin Clos as well as 54 different scented candle fragrances. The bestsellers are Figuier, Freesia, Gardénia, Rosa, Geranium and Cyprès. I particularly like the typographic design of all the Diptyque labels – simple black and white yet with a playful touch. Always an attractive gift.

Dieser inzwischen berühmte Laden wurde 1961 gegründet und zählt zu seinen Stammkunden Naomi Campbell, Karl Lagerfeld, die Fürstenfamilie von Monaco und Sophie Marceau. Hier erhält man Parfums mit ungewöhnlichen Namen wie „Vinaigre de Toilette" und „Jardin Clos" sowie Duftkerzen in 54 Duftnoten. Bestseller sind die Aromen Figuier, Freesia, Gardénia, Rosa, Geranium und Cyprès. Mir gefällt auch die typografische Gestaltung aller Diptyque-Etiketten – schwarz-weiß und zugleich mit spielerischer Note. Immer wieder ein schönes Mitbringsel.

Fondé en 1961, le magasin compte parmi ses fidèles Naomi Campbell, Karl Lagerfeld, la famille princière de Monaco et Sophie Marceau. On peut y acheter entre autres le « Vinaigre de Toilette », boisé et élégant et le « Jardin Clos » embaumant la jacinthe, ainsi que 54 senteurs florales et boisées pour la maison, en bougies ou vaporisateur. La calligraphie sur des étiquettes – noir et blanc avec une note ludique – est inimitable.

Open: Mon–Sat 10 am–7 pm
X-Factor: The small bottles and candles with graphically-designed labels.
More: Diptyque has been selling exceptional perfumes (toilet waters and mood perfumes) since 1961. A scented candle has just been created together with John Galliano.

Öffnungszeiten: Mo–Sa 10–19 Uhr
X-Faktor: Die Flakons und Kerzen mit grafisch gestalteten Etiketten.
Außerdem: Diptyque setzt seit 1961 auf außergewöhnliche Parfums (Eaux de Toilette und Raumdüfte) – ein Duft wurde mit John Galliano entworfen.

Horaires d'ouverture : Lun–Sam 10h–19h
Le « petit plus » : Le dessin des étiquettes apposées sur les flacons et les bougies.
Et aussi : Depuis 1961, Diptyque propose des parfums exceptionnels (eaux de toilette et parfums d'ambiance). Une bougie parfumée a même été créée avec John Galliano.

TASCHEN

2, rue de Buci, 75006 Paris
☎ +33 1 40 51 79 22
www.taschen.com
Métro: Mabillon/Odéon

The shop, designed by Philippe Starck, was opened in 2000. Here it does not feel like being in the "belly of the architect", but in the cave of the books! The shelves contain a wealth of fascinating TASCHEN books, interspersed with other interesting titles.

Der vom Designer Philippe Starck gestaltete Laden wurde 2000 eröffnet. Hier fühlt man sich nicht wie im Bauch des Architekten, sondern wie in der Höhle der Bücher. In den Regalen steht die gesamte spannende Vielfalt der TASCHEN-Titel, gemischt mit weiteren interessanten Bildbänden.

La boutique décorée par Philippe Starck a été ouverte en 2000. Ici on ne se sent pas dans le ventre de l'architecte mais dans l'antre de l'éditeur ! Tous les livres édités par TASCHEN s'empilent dans leur diversité sur les étagères à côtés d'autres parutions intéressantes.

Open: Mon–Thu 11am–8 pm, Fri/Sat 11am–midnight
X-Factor: A wide range at a low price.
More: The complete TASCHEN range is available here on the shelves, as well as extras such as diaries and calendars.

Öffnungszeiten: Mo–Do 11–20 Uhr, Fr/Sa 11–24 Uhr
X-Faktor: Das große Angebot zum kleinen Preis.
Außerdem: In den Regalen steht das gesamte TASCHEN-Sortiment – zudem erhält man hier Extras wie Tagebücher und Kalender.

Horaires d'ouverture : Lun–Jeu 11h–20h, Ven/Sam 11h–24h
Le « petit plus » : Un vaste choix de livres à des prix record.
Et aussi : Vous trouverez ici toutes les collections TASCHEN ainsi que des extras comme les agendas et les calendriers.

Huilerie Artisanale J. Leblanc et fils

6, rue Jacob, 75006 Paris
☎ +33 1 46 34 61 55
www.huile-leblanc.com
Métro: St-Germain-des-Prés

The Leblanc family from Bourgogne has specialized in pressing different oils from seeds and fruits using a stone mill for over 120 years. Rarities can be bought here; the shop also sells aromatic mustard (such as mustard flavoured with honey) and vinegar with a cider or tarragon flavour.

Seit mehr als 120 Jahren hat sich die Familie Leblanc aus der Bourgogne darauf spezialisiert, in einer Steinmühle verschiedene Öle aus Samen und Früchten zu pressen. Hier bekommt man die seltensten Sorten; zudem aromatischen Senf (zum Beispiel mit Honig verfeinert) und Essig, der nach Cidre oder Estragon duftet.

Depuis plus de 120 ans, génération après génération, la famille Leblanc originaire de Bourgogne broie des graines et des fruits à l'aide d'une meule de pierre. On peut acheter ici les huiles les plus rares, ainsi que de la moutarde, par exemple au vinaigre balsamique et miel, et du vinaigre de cidre ou d'estragon.

Open: Mon–Sat 11 am–7 pm
X-Factor: The vinegar and mustard varieties.
More: The oils have been pressed in a stone mill in Bourgogne since 1878. The nut, Argan and pumpkin varieties are in great demand.

Öffnungszeiten: Mo–Sa 11–19 Uhr
X-Faktor: Die Essig- und Senfvariationen.
Außerdem: Seit 1878 werden diese Öle in einer Steinmühle in der Bourgogne gepresst; besonders begehrt sind die Sorten Nuss, Argan und Kürbis.

Horaires d'ouverture : Lun–Sam 11h–19h
Le « petit plus » : Les vinaigres et les moutardes.
Et aussi : Depuis 1878, les huiles sont pressées dans une meule de pierre en Bourgogne. L'huile de noisette, d'argan et de pépin de courge est particulièrement appréciée.

Pierre Frey

Showroom Rive Gauche
1–2, rue de Furstemberg, 75006 Paris
☎ +33 1 46 33 73 00
www.pierrefrey.com
Métro: Mabillon/St-Germain-des-Prés

When it was founded in 1935, the family business had just two looms; today it is a textile empire that operates worldwide – 70 per cent of its sales revenue is earned abroad. But in Paris, too, it's hard not to come across Pierre Frey's fabrics – there are over 7,000 different kinds. Hardly a hotel that does not have curtains or bedspreads made of the company's fabrics.

1935 wurde das Familienunternehmen mit gerade einmal zwei Webstühlen gegründet; heute ist es ein weltweit agierendes Stoffimperium, das 70 Prozent seines Umsatzes im Ausland macht. Aber auch in Paris kann man den mehr als 7.000 verschiedenen Stoffen von Pierre Frey fast nicht entkommen: Kaum ein Hotel, das seine Vorhänge oder Tagesdecken nicht mit einem Stoff aus diesem Hause herstellt.

L'entreprise familiale, fondée en 1935, ne possédait à l'origine que deux métiers à tisser. Aujourd'hui cet empire du tissu d'ameublement haut de gamme fait plus de 70 pour cent de son chiffre d'affaires à l'étranger. Mais même à Paris, il est difficile d'échapper aux plus de 7000 tissus différents de Pierre Frey, pratiquement tous les hôtels les utilisant pour fabriquer leurs rideaux et leurs couvre-lits.

Open: Tues–Sat 10 am–6:30 pm
X-Factor: The wallpapers with their old-French patterns.
More: Pierre Frey has a range of more than 7,000 different fabrics; he supplies numerous hotels and private homes with curtains, bedspreads and wallpaper.

Öffnungszeiten: Di–Sa 10–18.30 Uhr
X-Faktor: Die Tapeten mit altfranzösischen Mustern.
Außerdem: Pierre Frey hat mehr als 7.000 Stoffe im Sortiment – er stattet weltweit zahlreiche Hotels, aber auch Privathäuser mit Vorhängen, Decken oder Tapeten aus.

Horaires d'ouverture : Mar–Sam 10h–18h30
Le « petit plus » : Les papiers peints aux motifs Vieille France.
Et aussi : Pierre Frey dispose d'un assortiment de plus de 7 000 tissus d'ameublement – il a doté de nombreux hôtels de par le monde, mais aussi des maisons particulières, de rideaux, de dessus-de-lit ou de papiers peints.

La Hune

170, Boulevard Saint-Germain, 75006 Paris
☎ +33 1 45 48 35 85
Métro: St-Germain-des-Prés

One of the leading bookshops in Paris since it opened shortly after the Second World War in 1949. This Paris institution is specialized in post-war literature and since time immemorial has been a favorite meeting point among the French literati: interesting readings are also held here regularly. La Hune is also open on Sundays – a whole weekend to spend browsing.

Seit ihrer Gründung 1949 kurz nach dem Zweiten Weltkrieg eine der ganz großen Buchhandlungen von Paris. Diese Pariser Institution ist vor allem auf französische Nachkriegsliteratur spezialisiert und seit jeher ein wichtiger Treffpunkt der französischen Literaturszene: Hier finden auch regelmäßig interessante Autorenlesungen statt. La Hune ist auch am Sonntag geöffnet, sodass man das ganze Wochenende stöbern kann.

Créée en 1949, et située en face de la brasserie Lipp, c'est l'une des grandes librairies parisiennes. Véritable institution, cette librairie parisienne spécialisée dans la littérature française de l'après-guerre est depuis toujours le rendez-vous des écrivains français. Des auteurs y présentent régulièrement leurs livres. Elle est ouverte le dimanche, ce qui permet de passer son week-end au milieu des livres.

Open: Mon–Sat 10 am–midnight, Sun 11 am–8 pm
X-Factor: Events with artists and authors, organized by the book store once per month.
More: Over two floors, every square metre is exploited to present French literature and art books.

Öffnungszeiten: Mo–Sa 10–24 Uhr, So 11–20 Uhr
X-Faktor: Veranstaltungen mit Künstlern und Autoren, die die Buchhandlung einmal im Monat organisiert.
Außerdem: Auf zwei Etagen wird jeder Quadratmeter genutzt, um französische Literatur und Kunstbücher anzubieten.

Horaires d'ouverture : Lun–Sam 10h–24h, Dim 11h–20h
Le « petit plus » : Des rencontres avec des artistes et des auteurs organisées par la librairie chaque mois.
Et aussi : Deux étages entièrement consacrés à la littérature et aux livres d'art français.

Chocolat Debauve & Gallais

30, rue des Saints-Pères, 75007 Paris
☎ +33 1 45 48 54 67
www.debauve-et-gallais.com
Métro: St-Germain-des-Prés

To my mind the finest and most authentic of the many chocolate shops in Paris; Balzac and Proust once shopped here. Established in 1800, Debauve & Gallais used to be a purveyor to the royal court. The chocolates – their packaging and the shop fittings are still befitting of royalty and have not been abandoned for a modern design – are what gives the shop its own special charm. Buy at least one bar of Chocolat aux Gemmes, preferably to be consumed as a bedtime snack rather than taken home.

Für mich der schönste und urspünglichste Laden unter den vielen Schokoladengeschäften von Paris; hier kauften schon Balzac und Proust ein. 1800 gegründet, belieferte Debauve & Gallais früher die Könige. Die Pralinen, deren Verpackung und die Einrichtung sind immer noch königlich und keinem modernen Design zum Opfer gefallen – das macht den ganz besonderen Charme aus. Man sollte zumindest eine Tafel „Chocolat aux Gemmes" kaufen und dann am besten gleich als Betthupferl verdrücken, statt sie mit nach Hause zu nehmen.

La boutique de chocolats la plus belle et la plus originale de Paris; Balzac et Proust y faisaient déjà leurs achats. Créé en 1800, Debauve & Gallais était le fournisseur des rois de France. Ni le cadre, ni les compositions et leurs emballages n'ont été victimes d'un remaniement moderne. Ils sont restés dignes d'un roi, c'est ce qui fait le charme des lieux. On devrait au moins acheter une tablette de « Chocolat aux gemmes » – et la savourer sur place.

Open: Mon–Sat 9:30 am–7 pm
X-Factor: The classic boxes with the seal emblem.
More: Grown men like Balzac and Proust wept with pleasure for these chocolates.

Öffnungszeiten: Mo–Sa 9.30–19 Uhr
X-Faktor: Die klassischen Kartons mit Siegel-Emblem.
Außerdem: Beim Genuss dieser dunklen Pralinen schmolzen schon Balzac und Proust dahin.

Horaires d'ouverture : Lun–Sam 9h30–19h
Le « petit plus » : Les boîtes avec leur emblème.
Et aussi : Ces délicieux chocolats noirs faisaient déjà les délices de Balzac et de Proust.

Y's Yohji Yamamoto

69, rue des Saints-Pères, 75006 Paris
☎ +33 1 45 48 22 56
www.yohjiyamamoto.co.jp
Métro: St-Germain-des-Prés

The young line by Yamamoto, mostly in black, is in keeping with the existentialist side of Paris. One of the very few shops anywhere in the world in which the entire line can be admired.

Die junge Linie von Yamamoto, meist in Schwarz, passt zur existenzialistischen Seite von Paris. Einer der wenigen Läden weltweit, in denen man fast die ganze Linie bewundern kann.

La dernière collection de Yamamoto, dans laquelle le noir prédomine, est parfaitement adaptée au côté existentialiste de Paris. Nous sommes ici dans un des rares magasins au monde qui présente la collection du créateur japonais pratiquement dans son intégralité.

Open: Mon–Sat 10:30 am–7 pm
X-Factor: The accommodating assistance.
More: The dark façade may appear somewhat intimidating, but whoever goes into the boutique could purchase just about the entire Yamamoto young collection.

Öffnungszeiten: Mo–Sa 10.30–19 Uhr
X-Faktor: Die zuvorkommende Beratung.
Außerdem: Die dunkle Fassade wirkt etwas einschüchternd – doch wer die Boutique betritt, kann fast die komplette junge Kollektion von Yamamoto erstehen.

Horaires d'ouverture : Lun–Sam 10h30–19h
Le « petit plus » : L'excellent service.
Et aussi : La façade sombre semble un peu intimidante, mais en entrant dans la boutique, on découvre la quasi-totalité de la jeune collection de Yamamoto.

Sabbia Rosa

71–73, rue des Saints-Pères, 75006 Paris
☎ +33 1 45 48 88 37
Métro: Sèvres-Babylone

Paris is the city of dessous and lingerie. It might even be said that the Parisian woman was born to seduce men, and the mistress is a French invention and well knew how to use her charms… The boutique sells the most exquisite little dresses, panties and bras made of silk in all colours of the boudoir. Claudia Schiffer, Catherine Deneuve, Naomi Campbell are just a few of the beautiful women who shop here regularly.

Paris ist die Stadt der Dessous und Lingerie. Man könnte fast sagen, dass die Pariserin dazu geboren wird, den Mann zu verführen; und die Mätresse ist eine französische Erfindung, die ihre Tricks kannte … In diesem kleinen Laden findet man die exquisitesten Kleidchen, Höschen und BHs aus Seide und in allen Farbtönen des Boudoirs. Claudia Schiffer, Catherine Deneuve, Naomi Campbell und viele andere schöne Frauen sind hier Stammkundinnen.

Paris est la ville des « dessous chics » qui ne dévoilent rien du tout ; il semblerait que la Parisienne vienne au monde pour séduire l'homme. Cette petite boutique abrite les modèles les plus affriolants de combinaisons, culottes et soutiens-gorges en soie et dentelle, aux couleurs de boudoir. Claudia Schiffer, Catherine Deneuve, Naomi Campbell et bien d'autres jolies femmes en sont les clientes attitrées.

Open: Mon–Sat 10 am–7 pm
X-Factor: Lingerie in every possible colour.
More: Only those who ring the bell gain access to the most elegant dessous in Paris: "Sonnez, s.v.p." is printed next to the doorknob – and even Madonna did.

Öffnungszeiten: Mo–Sa 10–19 Uhr
X-Faktor: Lingerie in allen erdenklichen Farbtönen.
Außerdem: Die elegantesten Dessous von Paris erhält nur, wer klingelt: „Sonnez, s.v.p." steht neben dem Knopf an der Tür – daran hielt sich auch Madonna.

Horaires d'ouverture : Lun–Sam 10h–19h
Le « petit plus » : De la lingerie dans tous les tons imaginables.
Et aussi : Si vous voulez obtenir les dessous les plus élégants de Paris, vous devrez d'abord sonner à la porte. Madonna a dû se plier aussi à ce rituel.

Annick Goutal

12, Place Saint-Sulpice, 75006 Paris
☏ +33 1 46 33 03 15
www.annickgoutal.fr
Métro: St-Sulpice/Mabillon/Odéon

A delightful perfumery that reopened in the summer of 2005 after being renovated. The leitmotif of all perfumes and creams is the rose, it has also given its name to the delicate pink of the new boutique, which has a very French and feminine feel. The Eau du Sud and the rose soap in gold packaging are my particular favourites. A welcome feature is that the number of perfumes and eau de toilettes are kept within reason; there are around 20 – with names such as Eau du Ciel, Eau d'Hadrien and Quel Amour.

Verspielte Parfümerie, die im Sommer 2005 nach Renovierung wieder eröffnet wurde. Hauptthema aller Parfums und Cremes ist die Rose; sie war auch Farbgeberin für das zarte Rosé der neuen Boutique, die sehr französisch und feminin wirkt. Das „Eau du Sud" und die Rosenseife in goldener Verpackung sind meine Favoriten. Angenehm ist, dass die Anzahl an Parfums und Eaux de Toilette übersichtlich bleibt, es gibt etwa 20 verschiedene mit Namen wie „Eau du Ciel", „Eau d'Hadrien" und „Quel Amour".

La rose, thème central des parfums et des crèmes, prête aussi ses nuances délicates à la nouvelle boutique, très française et très féminine, rouverte en 2005 après rénovation. Impossible de résister à l' « Eau du Sud » et au savon à la rose dans son emballage doré. La gamme des parfums et eaux de toilette reste agréablement limitée, avec une vingtaine de produits au nom prometteur, dont « Eau d'Hadrien », « Eau du Ciel » et « Quel Amour ».

Open: Mon–Sat 10 am–7 pm
X-Factor: The rose-oil facials in the beauty salon.
More: Annick Goutal was inspired in Grasse, the city of perfumes, and her heirs sell her fragrances in "Boules Papillon", small bottles with a butterfly stopper.

Öffnungszeiten: Mo–Sa 10–19 Uhr
X-Faktor: Die Rosenöl-Facials im Beautysalon.
Außerdem: Annick Goutal ließ sich in Grasse inspirieren – ihre Erbinnen verkaufen ihre Düfte in „Boules Papillon"-Flakons mit Schmetterlingsverschluss.

Horaires d'ouverture : Lun–Sam 10h–19h
Le « petit plus » : Les Facials aux essences de rose dans le salon de beauté.
Et aussi : Annick Goutal a trouvé son inspiration à Grasse. Ses héritières vendent ses senteurs dans des flacons « boules papillon », dont le bouchon est en forme de papillon.

Le Boudoir

Poilâne

8, rue du Cherche-Midi, 75006 Paris
☎ +33 1 45 48 42 59
www.poilane.com
Métro: Sèvres-Babylone/St-Sulpice

This is probably where the best bread in Paris is sold. The wonderful and simple window dressing, the simplicity of the small shop together with the reduced selection of breads and pastries are proof that it is quality not quantity that counts. Poilâne has been baking fresh bread for Parisians since 1932; the bakery is a must for all gourmets. The outsized loaves will last for days if the slices are toasted.

Hier gibt es das wahrscheinlich beste Brot von Paris. Schon die wunderschöne einfache Schaufensterdekoration, die Schlichtheit des kleinen Ladens sowie die reduzierte Auswahl an Broten und Keksen zeugen davon, dass nicht die Quantität, sondern die Qualität zählt. Poilâne begeistert die Pariser bereits seit 1932 mit frischem Brot; kein Gourmet sollte diesen Laden verpassen. Von einem der riesigen Laibe kann man zu Hause Tage zehren, wenn man die Scheiben toastet.

On y trouve probablement le meilleur pain de la capitale. Le simple et superbe étalage, la sobriété du petit magasin et le choix restreint de pains et de sablés témoignent que la qualité prime ici sur la quantité. Depuis 1932, le pain frais artisanal de Poilâne enchante les Parisiens. Avis aux amateurs de bon pain : les miches dorées de près de deux kilos se conservent plusieurs jours et les tranches peuvent être grillées.

Open: Mon–Sat 7:15 am–8:15 pm
X-Factor: Pastries with white and dark flour.
More: Poilâne gives you instructions on how to bake your own bread; you can buy "Farine Poilâne" and cookery books with the special house recipes.

Öffnungszeiten: Mo–Sa 7.15–20.15 Uhr
X-Faktor: Gebäck aus hellem und dunklem Mehl.
Außerdem: Man kann nach Anleitung von Poilâne auch selbst Brot backen: Im Laden gibt es das „Farine Poilâne" und Backbücher mit Rezepten des Hauses zu kaufen.

Horaires d'ouverture : Lun–Sam 7h15–20h15
Le « petit plus » : Farine de froment et de blé d'épeautre.
Et aussi : On peut aussi faire soi-même son pain en suivant les directives de Poilâne : la boutique propose de la farine Poilâne et des livres de cuisine avec des recettes de la maison.

Androuët

37, rue de Verneuil, 75007 Paris
☎ +33 1 42 61 97 55
www.androuet.com
Métro: Rue du Bac

Seventh heaven for everyone who loves cheese – Androuët has an assortment of more than 200 different sorts, of which 80 per cent originate in France, and all of them are produced from raw milk. The family business was founded in 1909 and since then has inspired the Parisians with its extremely aromatic specialities. Nowadays there are six branches throughout the city and this one is especially good.

Ein echtes Paradies für alle, die Käse lieben – Androuët hat mehr als 200 verschiedene Sorten im Programm, die zu 80 Prozent aus Frankreich stammen und allesamt aus Rohmilch hergestellt sind. Das Familienunternehmen wurde 1909 gegründet und begeistert die Pariser seitdem mit seinen stark duftenden Köstlichkeiten: Verteilt über die ganze Stadt gibt es inzwischen sechs Filialen; diese hier ist besonders schön.

Un vrai paradis pour tous les amateurs de fromages. Androuët propose en effet plus de 200 sortes de fromages dont 80 pour cent viennent de France et qui sont tous fabriqués à base de lait cru. Fondée en 1909, l'entreprise familiale enthousiasme depuis cette époque les Parisiens avec ses produits à l'arôme puissant. Six filiales sont maintenant réparties dans Paris et celle-ci vaut le coup d'œil.

Open: Mon 4 pm–7:30 pm, Tues–Sat 9 am–1 pm and 4 pm–7:30 pm, Sun 9 am–1 pm
X-Factor: The right wine for each cheese.
More: Ernest Hemingway and Maria Callas chose their favourite French raw milk cheese at Androuët's.

Öffnungszeiten: Mo 16–19.30 Uhr, Di–Sa 9–13 Uhr und 16–19.30 Uhr, So 9–13 Uhr
X-Faktor: Die passenden Weine zu jedem Käse.
Außerdem: Bei Androuët suchten sich schon Ernest Hemingway und Maria Callas ihre Lieblingskäse aus französischer Rohmilch aus.

Horaires d'ouverture : Lun 16h–19h30, Mar–Sam 9h–13h et 16h–19h30, Dim 9h–13h
Le « petit plus » : Choix de vins qui accompagnent les fromages.
Et aussi : Ernest Hemingway et Maria Callas venaient déjà achetér leur fromage préféré chez Androuët.

Lucien Pellat-Finet

1, rue de Montalembert, 75007 Paris
☎ +33 1 42 22 22 77
www.lucienpellat-finet.com
Métro: Rue du Bac

Lucien Pellat-Finet is considered the "cashmere king" in fashion circles, but not in the classic sense. He designs up-to-date street wear in expensive yarn with quite unfamiliar patterns – hemp leaves, skulls or designs by the Japanese artist Takashi Murakami. Pellat-Finet is no stranger to the Paris fashion business: his first prêt-à-porter collection was presented in the famous concept store Colette in 1997.

Lucien Pellat-Finet gilt in Modekreisen als der „Kaschmir-König" – aber nicht im klassischen Sinn. Er entwirft aus dem teuren Garn moderne Streetwear mit recht ungewohnten Motiven – Hanfblättern, Totenköpfen oder Entwürfen des japanischen Künstlers Takashi Murakami. In der Pariser Modebranche ist Pellat-Finet kein Unbekannter: Seine erste Prêt-à-porter-Kollektion wurde 1997 im berühmten Concept-Store Colette präsentiert.

Dans le milieu de la mode Lucien Pellat-Finet passe pour être le « roi du cachemire », mais pas dans le sens classique du terme. Il crée avec cette laine de prix un streetwear moderne aux motifs assez inhabituels : feuilles de chanvre, têtes de mort ou dessins de l'artiste japonais Takashi Murakami. Pellat-Finet n'est pas un inconnu de la mode parisienne : sa première collection de prêt-à-porter a été présentée en 1997 dans le célèbre concept store « Colette ».

Open: Mon–Fri 10 am–7 pm, Sat 11 am–7 pm
X-Factor: The jeans with ten percent cashmere, and pullovers with patterns by Takashi Murakami.
More: Lucien Pellat-Finet designs cashmere fashion with patterns such as skulls or hemp leaves, and similarly patterned belts.

Öffnungszeiten: Mo–Fr 10–19 Uhr, Sa 11–19 Uhr
X-Faktor: Die Jeans mit zehn Prozent Kaschmiranteil und Pullover mit Motiven von Takashi Murakami.
Außerdem: Lucien Pellat-Finet entwirft Kaschmirmode mit Motiven wie Totenköpfen oder Hanfblättern – und ebenso gemusterte Gürtel.

Horaires d'ouverture : Lun–Ven 10h–19h, Sam 11h–19h
Le « petit plus » : Jeans avec dix pour cent de cachemire et pulls avec de motifs de Takashi Murakami.
Et aussi : Lucien Pellat-Finet crée une mode en cachemire avec des motifs tels que des têtes de mort ou des feuilles de chanvre, les ceintures sont assorties.

Christian Louboutin

38–40, rue de Grenelle, 75007 Paris
☎ +33 1 42 22 33 07
www.christianlouboutin.fr
Métro: Sèvres-Babylone/Rue du Bac

Christian Louboutin was apprentice to the great Roger Vivier and, along with Manolo Blahnik, is the darling of every Hollywood star. His shoes are always named after a famous actor, or a fashion star; his hallmark is the red-leather sole (the individual models are also on display in red alcoves in this boutique). I myself am a great Louboutin fan, and am very probably one of the few women who doesn't have any Blahniks in the closet.

Christian Louboutin wurde vom gro-ßen Roger Vivier ausgebildet und ist neben Manolo Blahnik der Liebling aller Hollywoodstars. Seine Schuhe sind immer nach einem berühmten Schauspieler oder einem Modestar benannt; sein Markenzeichen ist die rote Ledersohle (die einzelnen Model-le werden in dieser Boutique auch in roten Wandnischen ausgestellt). Ich selbst bin großer Louboutin-Fan und höchstwahrscheinlich eine der weni-gen Frauen, die keine Blahniks im Schrank haben.

Formé par le grand Roger Vivier, Christian Louboutin est avec Manolo Blahnik le chouchou de toutes les stars d'Hollywood. Ses chaussures portent toujours le nom d'un acteur célèbre ou d'un grand de la mode. Sa marque de fabrique est la semelle de cuir rouge (Dans cette boutique les modèles sont aussi présentés dans des niches rouges ménagées dans le mur). En ce qui me concerne, je suis une grande fan de Louboutin et probable-ment l'une des rares femmes à ne pas avoir de Blahniks dans mon armoire.

Open: Mon–Sat 10:30 am–7 pm
X-Factor: The black peep-toes which have achieved cult status.
More: Half of Hollywood sashays around on these shoes with the red soles. No other pair of high heels confers such sex appeal.

Öffnungszeiten: Mo–Sa 10.30–19 Uhr
X-Faktor: Die schwarzen Peep-Toes mit Kultstatus.
Außerdem: Auf diesen Schuhen mit roten Sohlen schwebt halb Hollywood, denn kein anderes Paar Pumps verleiht mehr Sex-Appeal.

Horaires d'ouverture : Lun–Sam 10h30–19h
Le « petit plus » : Les Peep-Toes noires devenues culte.
Et aussi : À Hollywood la moitié des femmes portent ces chaussures à semelle rouge, car elles sont les seules à donner autant de sex-appeal.

Index | Index | Index

Imprint | Impressum | Imprint

© 2008 TASCHEN GmbH
Hohenzollernring 53, D-50672 Köln
www.taschen.com

© 2008 VG Bild-Kunst, Bonn for the works by
Harry Bertoia, Pablo Picasso and Jean Prouvé

Compiled, Edited, Written & Layout by
Angelika Taschen, Berlin

General Project Manager
Stephanie Bischoff, Cologne

Illustrations
Olaf Hajek, www.olafhajek.com

Maps
Michael A Hill, www.michaelahill.com

Graphic Design
Eggers + Diaper, Berlin

German Text Editing
Christiane Reiter, Hamburg
Nazire Ergün, Cologne

French Translation
Thérèse Chatelain-Südkamp, Cologne
Michèle Schreyer, Cologne

English Translation
Kate Chapman, Berlin

Lithograph Manager
Thomas Grell, Cologne

Printed in China
ISBN 978-3-8365-0932-9

To stay informed about upcoming TASCHEN titles, please request our magazine
at www.taschen.com/magazine or write to TASCHEN, Hohenzollernring 53,
D-50672 Cologne, Germany, contact@taschen.com, Fax: +49-221-254919.
We will be happy to send you a free copy of our magazine which is filled
with information about all of our books.